超現代語訳 戦国時代

笑って泣いてドラマチックに学ぶ

房野史典

幻冬舎文庫

超現代語訳　戦国時代

笑って泣いてドラマチックに学ぶ

はじめに

「あ、おもしろいんですね」

戦国時代の中身をめちゃくちゃ噛《か》み砕《くだ》いてお伝えすると、みなさんこうおっしゃいます。

話もカタそうだし、出てくる名前がややこしいし、どこをどう見たらいいかわかんないから、この話題は避《さ》けて通ってきた。——こんな人多いです。ただ、話の本質を説明すると、最初に書いた「あ、おもしろいんですね」が、確実に返ってきます。

そりゃそうです。戦国時代は、人間が持つあらゆる能力をフル活用して、生死を懸《か》けた駆《か》け引きと戦いを常に繰《く》り返しているノンフィクション。おもしろくないわけがないんです。物語としての要素が全部詰《つ》まってます。

この本では、その魅力を自分なりにお伝えしていきたいと思います。それがみなさんに伝わったとしたら、ただただ、僕が喜びます。

「あー書いてよかったなー」って、僕が思います。みなさんに喜んでもらえるのが何よりなので。

では、戦国時代の話に入る前に、戦国時代が日本の歴史のどこに位置するのか、それをまず言っちゃいますね。そのために、日本史の大まかな流れを、乱暴に、とても雑に、はしょりにはしょって、ご説明したいと思います。

「だったら、ここ読まなくても大丈夫じゃない？」

と思われた方……鋭《するど》いです。ここ読まなくても大丈夫です。

ただ、もしかすると、本編の事柄《ことがら》が頭に入りやすくなる可能性があります。あくまで可能性ですよ。

では、日本の流れ、参ります。

約46億年前に地球誕生。海ができて、生命が誕生して、でっけー大陸ができて、人類が誕生して、今の日本にあたる辺りにも人が移動してきます。ナウマンゾウやイノシシを石で狩る生活がとんでもなく長〜く（何万年だよ）続きます。**《旧石器時代《きゅうせっきじだい》》**

1万数千年前、日本は大陸から離れて、ほぼ今の形になります。

そこから、狩りをして、木の実を食べて、土器とか竪穴住居《たてあなじゅうきょ》とか造っちゃう時代が、これまたずーっと続きました。**《縄文時代《じょうもんじだい》》**

その後、大陸から〝農耕《のうこう》〟が伝わり、「イネだー！　とにかく稲作《いなさく》だー！」って、みんなが口々に叫びます（口々に叫んだのはウソです）。この頃から人々は集団を作り始め、最初は小さな集団だったものが、やがて大きな集団になり、だんだん争いも起こり始めちゃう。「リーダーが必要！」ってことで、〝卑弥呼《ひみこ》〟さんて人が女王になります。**《弥生《やよい》時代》**

その次に、大王《おおきみ》を中心として、豪族（権力を持ってる人ですね）が集まった「ヤマト王権」ていうでっかい組織（政府みたいなもんですね）が誕生しました。身分が分かれて、仏教が入ってきて、古墳《こふん》（ちょーデッケーお墓）が造られた時代でございます。**《古墳《こふん》時代》**

大王はやがて天皇《すめらみこと》と呼ばれ、豪族は貴族となっていきます。

そして、都（首都）ってのが奈良県にできて、今でいう「法律」が出来上がっていき、中国と仏教の影響をいっぱい受ける時代に突入。〝厩戸王《うまやどのみこ》（聖徳太子《しょうとくたいし》）〟さんが天皇を支えた後、蘇我《そが》さんて人たちが権力を持ちすぎたから、〝中大兄皇子《なかのおおえのおうじ》〟さんや〝中臣鎌足《なかとみのかまたり》〟さんたちが、〝蘇我入鹿《そがのいるか》〟さんを暗殺したのもこの頃です。**《飛鳥《あすか》時代、奈良《なら》時代》**

そこから、都は京都に移り、藤原《ふじわら》さんていう貴族の人たちが、「世の中、全部オレたちのものだ」って詠《うた》っちゃうくらい、ムチャクチャ力を持ち始めます。その権力は上皇（天皇の地位を譲った人）に移った後、新たな存在に移行していきます。下級貴族が武装してできた集団（諸説あり）、「武士」です。平氏《へいし》という武士たちが力をつけまくって、〝平清盛《たいらのきよもり》〟さんは強大な権力者になります。**《平安《へいあん》時代》**

「平氏このままいくかなー」って思ってたら、源氏《げんじ》って武士たちが、平氏を倒しちゃいます。その後、源氏の〝源頼朝《みなもとのよりとも》〟さんは、征夷大将軍《せいいたいしょうぐん》（武士のトップ）になって、鎌倉に幕府（政府）を開きます。で、途中から、頼朝さんの奥さんの実家の〝北条《ほうじょう》〟さんが実権を握ります。

「鎌倉幕府このままいくのかなー」って思ってたら、「やっぱり天皇が政治を行うべきだ！」っていう〝後醍醐天皇《ごだいごてんのう》〟と、幕府に不満がたまった地方の武士たちによって、鎌倉幕府は滅ぼされます。**《鎌倉《かまくら》時代》**

後醍醐天皇のそばから離れ、「やっぱり武士が仕切ります！」と言った〝足利尊氏《あしかがたかうじ》〟さんが、征夷大将軍（また出てきた）になって、室町に幕府（こっちもまた出てきた）を開きます。

「このまま室町いけるかなー」って思ってたら、大きな内部分裂（応仁《おうにん》の乱）が起きちゃって、**『日本国内、ずっと争いが続いてる』ジョータイ**になります。**《室町《むろまち》時代》**

「戦国大名《だいみょう》」と呼ばれる武士が争いまくった時代は、〝織田信長《おだのぶなが》〟さんが天下統一しそうになって、結果、〝豊臣秀吉《とよとみひでよし》〟さんが天下を統一して、終わりを迎《むか》えます。**《安《あ》土桃山《づちももやま》時代》**

豊臣家を滅ぼした〝徳川家康《とくがわいえやす》〟さんは、征夷大将軍（好きだね）になり、江戸に幕《ばく》府《ふ》（ホント好きだね）を開きます。「この時代は長いこと続くぞー」と思われていたんですが、外国から黒船《くろふね》がやってきて、「仲良くしようよ」と迫られた事件をキッカケに、「仲良くするべきだ！」VS「仲良くするべきじゃない！」という争いになり、幕府の人たちオロオロ。「もう幕府は頼りにならない！　オレたちが幕府を倒《たお》して新しい時代を作る！」という、薩摩《さつま》（鹿児島県）と長州《ちょうしゅう》（山口県）の人たちが中心になったチームによって、江戸幕府は倒されます。**《江戸《えど》時代》**

武士の世の中は終わり、内閣が出来上がり、欧米の文化がいっぱい入ってきて、洋服なんかも着ちゃったりします。中国やロシアと戦争したのはこの頃。**《明治《めいじ》時代》**

で、世の中は、「国民が主役！」って方向に流れていき、誰もが政治に参加できて、いろんなことがもっと平等に、もっと自由になった方がいいという考えが広まります。世界では、様々な国を巻き込んだ「第一次世界大戦」が起こり、日本もこれに参戦します。**《大正《たいしょう》時代》**

日本はどんどん戦争の方向に傾いていき、二度目の大きな戦争、「第二次世界大戦」で敗《やぶ》れます。しかし、そこから日本は、復興《ふっこう》を遂げ、「経済大国」と呼ばれるまでになります。**《昭和時代《しょうわじだい》》**

そして、これを読んでるあなたが体験し、駆け抜けていった**《平成《へいせい》》**。

今現在は**《令和《れいわ》》**です。

はい、流れ終わり——。

さて、僕がお届けしたいのは、**『日本国内、ずっと争いが続いてる』ジョータイ、「戦国」と呼ばれる時代**。その中のほんの一部を、今からご紹介したいと思います。

ひとりよがりな文章も出てくると思いますが、「もう、しょうがないな……」と大目に見ていただくみなさんの努力を期待しております。

超現代語訳　戦国時代

目次

はじめに……5

序章　応仁の乱

もうなんか昼ドラみたい……18
愛憎、裏切り、欲、別れ……。ドラマチック戦国物語、開幕！

第一章　関ヶ原の戦い

関ヶ原の戦い1　超嫌われ者の正義漢……28
戦国時代の勢力図とその変遷がよくわかる！
天下分け目の関ヶ原

関ヶ原の戦い2　突然君からの手紙 ～君がくれたもの～……39
知る人ぞ知る「直江状」。宣戦布告はこんな形でやってきた！

関ヶ原の戦い3
導かれし者たちと大人の学級会 …… 53
家康タヌキ！　武将たちの思惑を操って〝オレ様王国〟を着々と

関ヶ原の戦い4
地獄の業火に焼かれながら～ドレミファソラシド～ …… 64
騙し合い・試し合いの間で、悲劇の道をたどった姫もいた――

関ヶ原の戦い5
私の思慕《おも》いをジョークにしないでって言ってやりたい。私はマジなんだから …… 74
関ヶ原の戦いが始まる直前まで、趨勢はゆらゆらと動いていた

関ヶ原の戦い6
パルプ・フィクションとレザボア・ドッグスとキル・ビル足して3倍した感じ …… 86
いよいよ突入。世紀の大戦、関ヶ原の戦い！

関ヶ原の戦いエピローグ
面影ばかり追いかけた自分だけど、まるで後悔していない …… 103
関ヶ原の戦いで散った名将たちの、その後――

第二章　真田三代

真田三代1　華麗なる一族が放つ若草物語……122
味方だけでなく、敵からも絶賛された真田一族って何者よ!?

真田三代2　与えられた才能に、武田の魂が注がれて出来上がり……134
〝くわせもんぶり〟が魅力の昌幸。マジで、どんだけ〝くわせもん〟？

真田三代3　けんかをやめて。3人をとめて。わかった、私も加わる……148
信長が本能寺で暗殺された後の大混乱を、昌幸、ひょうひょうと生き抜くの巻

真田三代4　ホーム・アローンエピソードゼロ。同時上映、実写版さるかに合戦……165
3倍の兵を持つ家康相手に、真田はどうやって勝ったのか!?

真田三代5　離れていても、好きだったら、想っていたら……　184
家康をビビらせまくった真田昌幸の最期とは――

真田三代6　あの鐘を鳴らしたあなたに捧げるレクイエム　209
お待たせしました！
真田幸村の名で知られる信繁の活躍はじまりはじまり～

真田三代7　素敵なお城から
レオンがコスプレして機関銃撃ってきた　223
要塞「真田丸」は、かくして、世に名を轟かせたのです

真田三代8　ケンカのあとはほっぺにチュ。
でもちょっと血の味がする　242
大坂冬の陣では徳川をやりこめた要塞
「真田丸」の、まさかの末路――

本文デザイン　水戸部功
イラスト　曽根愛

序章

応仁の乱

もうなんか昼ドラみたい

愛憎、裏切り、欲、別れ……。ドラマチック戦国物語、開幕！

ということでさっそく本題。

日本の戦国時代って、織田信長とか豊臣秀吉とか武田《たけだ》信玄《しんげん》とか、名前は聞いたことがあるけど、要は何した人かってのには答えられないし、何が目的なの？　そもそもなんで戦ってんの？　なんで現場に血が流れるの？　って人が、結構いると思うんです。

それを理解するには、そんな戦いの世の中になったキッカケをまず知ることだと思うんですけどね。

応仁《おうにん》の乱《らん》

って聞いたことあります？

教科書に書いてあるから、何人かの人は「あ〜なんか聞いたことあるかも〜」って感じでしょ？

確か、教科書には戦国時代が始まるキッカケになった事件と書いてあったはずだけど、どんな内容かまでは書いてなかった気が……書いてたとしてもすごくわかりにくかったような……。

でも、応仁の乱て、超わかりやすいんですよ（ガチで調べるとむずかしいけど）。人間関係が織《お》り成《な》すドラマなんです。なのでちょっとお付き合いを。

当時、日本で一番偉《えら》かったのは、「足利」って人たち。この人たちが「将軍」と呼ばれて、政治のトップにいて、代々、世の中を取り仕切ってたのが、室町時代《むろまちじだい》ってやつです。

事件は

八代将軍・足利義政《あしかがよしまさ》

って人のときに起こります。

足利義政って人は、あの京都の銀閣寺《ぎんかくじ》を建てた人です。

この義政って人、水墨画《すいぼくが》いいじゃない！　茶道《さどう》素晴らしいじゃん！　庭園も芸術にしないとね！　やっぱ、わびさびだよね～！　って、今でも残る日本文化の数々を奨励《しょうれい》した、トップレベルの文化人でした（後世、これは「東山文化」って呼ばれるようになりました）。

が……。

政治に関しての評価はよろしくありません……。

最初はやる気があったのかもしれませんが、政治がうまくいかなくなったり、自分の威厳《いげん》が薄れてきたりすると、趣味の日本庭園造りや、お酒に溺《おぼ》れだしたりするんです。んで、

「あ～もう将軍やめたいなぁ……。そろそろバトンタッチしたいな……」

引退を考えるようになるんです。

が、そこでハッと気付くわけですね。

「いや、オレ子供いねーじゃん」

そう！　後を託《たく》す、次の将軍になってくれるお世継《よつ》ぎが、義政にはいなかったんです。

「あ、でも弟いるわ。弟でいいや」

義政には義尋《ぎじん》という弟がいたので、この弟に将軍職を託そうとするんですが、これにはちょっとした問題があります。

弟は仏門《ぶつもん》に入ってた――いわゆるお坊さんになっていたんです。

足利義政「こっちに戻ってきて、将軍やってよ」

足利義尋「いや還俗《げんぞく》（お坊さんから一般の社会に戻るってことだよ）はしんどいわ」

義政「わかるけど、お願い！」

義尋「いや無理だって」

義政「だよね。でもお願い！」

義尋「オレこっちの道で行くって決めたから」

義政「確かにな。でもお願い！」

義尋「本当無理だから」

義政「わかった。でもお願い！」

義尋「…………」

義政「でもお願い！」

義尋「……しつけー」

再三の義政のお願いで、ようやく弟も腹をくくって、なんとこっちの世界に戻って将軍をやることを決意しました。そして名前を〝足利義視《よしみ》〟と改めます。

その矢先《やさき》。

子供が生まれちゃったんです……。

義政と日野富子《ひのとみこ》という奥さんとの間に、子供が生まれちゃったんです……(この子供、のちに義尚《よしひさ》って名乗ります)。

そうなると、是《ぜ》が非《ひ》でも子供に将軍職を継《つ》がせたいのは日野富子さん。

「弟だか何だか知りませんけどね、子供が将軍を継ぐのが筋《すじ》ってもんでしょ!」

これには弟の義視くんも、黙っちゃいられません。

「いや、こっちは兄貴から散々《さんざん》お願いされて、人生懸《か》けてこっちに戻ってきたんだよ! しかも必ずお前を将軍にするっていう契約書付きでな!」(実際、義政は起請《きしょう》文《もん》ってのを書いたらしいです)

はい、ぐちゃぐちゃー。

お家《うち》の中ぐちゃぐちゃー。

家ん中ドロドロしちゃって、もうなんか昼ドラみたい。

でもね、嫁と弟のいがみ合いで終わってたら、ただのお家騒動でピリオドが打たれてたはずなんです。

ここから、も一つ、もう二つ、ややこしくなる。

日野富子さんと義視くんが、それぞれ後見人《こうけんにん》連れて来ちゃったんです。

富子さんと息子くんの方には、山名《やまな》っていう有力大名（いっぱい土地持ってる超強えー人ね）。

義視くんの方には、細川《ほそかわ》っていう有力大名（いっぱい土地持ってる超強ぇー人ね）。

双方が、そんなとんでもないやつらを連れて来ちゃったから、ただのお家騒動じゃなくなっちゃった。

東軍と西軍に分かれての大きな戦争になっちゃった。

はい、昼ドラの枠《わく》超えたー。

さらに……。

将軍を補佐《ほさ》する「管領《かんれい》」ってポジションがあるんですが、そこを担当してる斯波《しば》家ってところと、畠山《はたけやま》家ってところも、何と後継者《こうけいしゃ》争いしてたんです。

となると、分かれちゃうよねー。

斯波家の中でも東軍と西軍に分かれて。

畠山家の中でも東軍と西軍に分かれて。

当時の日本の中心の京都がもうそんな感じだから、それが飛び火して、日本中のお侍さんが、東軍と西軍に分かれ、日本の中の広い範囲で大戦争になっちゃったわけです。

それが応仁の乱。

この戦い、何と11年間も続いちゃったんです。

するとどうなるか。

中央政権の足利幕府（当時の政府って感じ）の権力とお金が、どんどんなくなってくる。

そしたらどうなるか。

今まで言うことを聞いていた全国の地方の大名（その土地を治《おさ》めてる強ぇーやつ）たちが、足利幕府の言うことを聞かなくなる。

結果どうなったの？

大名それぞれが、それぞれのやり方で自分の土地を経営し始めて、もっと裕福になりたい大名は他の大名にケンカふっかけて、そこの土地を奪おうとした。中にはそのまま奪いまくって、天下一になろうと企《たくら》むやつも出てきた（織田信長とかまさにそう)。

次の日本のリーダーが決まるまでは、この戦いが続くってことなんです。

戦国時代って、だからこんなにも争ってたんですね。

こんなに酷《ひど》い応仁の乱だけど、メリットがゼロってわけじゃありません。

日本の中心の京都が主な戦場だから、いろんな人が地方に避難するワケです。すると、お坊さんとか公家《くげ》さん（「まろは……おじゃる」的な人）も、地方に逃げるワケですよ。

伝達ツールの乏しい時代ですから、それまでは都会の文化や学問が地方にガッツリ伝わることがあまりなかった。ところが、応仁の乱が起きたことで、地方に逃げた公家さんやお坊さんが、地方に都会の最先端の文化や学問を持って行くわけです。

結果、全国のいろいろな文化の発展に繋《つな》がったんですね。

文化の発展と人の亡くなった数が比例してるってとこが、諸手《もろて》を挙《あ》げて喜べないところですが……。

と、まぁ戦国時代に突入したキッカケ、応仁の乱ってこんな感じだったんだよって説明を終わります。

教科書的には大してスペース割《さ》かれてないし、学生のテストには必要ないかもしれませんが、本当の歴史のおもしろさや知識って、こっちじゃないかなと思ったりもします。

ちょっとわかったかも！　って思ったり、誰かに教えたい！　って思ったら、「この本イイよ！」って伝えてね！

第一章
関ケ原の戦い

超嫌われ者の正義漢

戦国時代の勢力図とその変遷がよくわかる！　天下分け目の関ヶ原

戦国時代が始まったキッカケの応仁の乱を、僕なりに説明させていただきましたが、今回は戦国時代最大のイベントと言っても過言《かごん》ではない戦いを取り上げてみたいと思います。

関ヶ《せきが》原《はら》の戦い。

天下分け目の大決戦ってやつです。

こちらも「あ～それは聞いたことある」って人が大多数だと思いますが、それに至った経緯なんかは「そんなの知らねーな」って人がこれまた大多数だと思います。

関ヶ原の戦いって、決戦にたどり着くまでのプロセスにすごくドラマがあるし、いろんな人の想いや思惑が絡み合ってて超おもしろいので、ちょっと説明してみますね。

その前にちょっと注意点。

なるべく本当だと言われてることを書いていこうと思ってますが、「最近の研究によればその事実はなかった」といったエピソードなんかも多少交《ま》じるかもしれません。それは「そっちの方がロマンあるじゃん！」っていう理由と、約400年も前の出来事なので確かなことはわからないっていう理由です。

その都度《つど》、これは本当かどうかわからないけどねっていうのはなるべく書くつもりです（書き忘れたら、そのときは……ごめんなさい）。

歴史学者の先生とお話しさせていただいたときも、おっしゃってました。

文献には信頼性の高いものと、低いものがある。かなり客観的に書いてあって、信《しん》憑性《ぴょうせい》が高いものもあれば、ほぼ物語みたいな史料も交じっていると。

歴史って大体そうですが、勝者のものなんですよね。そりゃ、勝った側は、「この戦いはこういうことだよー。この人はこんな人だったんだよー」って自分たちに都合よく、書きたくなります（もちろんそこをフラットに書いてあるものもたくさんあるみたいですが)。それは仕方ないことなんでしょうね。

それと、みなさんに伝わりやすいように僕のフィルターを通すので、細かい部分は大きく無視していきます。

が、大筋《おおすじ》は外していないと思うのでご安心を。

ではいきます。関ヶ原《せきがはら》の戦い(関ヶ原の合戦《かっせん》でもいいよ)。

豊臣秀吉《とよとみひでよし》(超有名だね)という、農民からとんでもない出世をかまして、ついには天下統一を果たした人が世の中を治めていた、当時の日本。

その秀吉が病で「死にそうー」ってなってました。そのとき、世の中の政治を一体誰が取り仕切ってたか?

そこはちゃんとシステムが確立されておりました。

「五大老」《ごたいろう》と呼ばれる、超エライ5人が、話し合いで物事を決定して(漫画『ワンピース』の五老星みたいだね)、

「五奉行」《ごぶぎょう》と呼ばれる人たちがそれを実行する(これはたとえが思い浮かびません)――という仕組みになっていたんですね。

「五大老」のメンバーは、

徳川家康《とくがわいえやす》（今回の超重要人物）、前田利家《まえだとしいえ》、毛利輝元《もうりてるもと》、上杉景勝《うえすぎかげかつ》、宇喜多秀家《うきたひでいえ》。ってラインナップ。

「五奉行」のメンバーは、石田三成《いしだみつなり》（これまた今回の超重要人物）、増田長盛《ましたながもり》、長束正家《なつかまさいえ》、浅野長政《あさのながまさ》、前田玄以《まえだげんい》。ってラインナップ。

こちらの人たちが政治の中心でしたが、誰がどう見ても、このメンバーの中で一番力を持っていたのは

徳川家康《とくがわいえやす》

さんです。実質、天下のNo.2です。

はい、秀吉死にます。

だったら跡を継《つ》ぐのは、ふつうに考えれば息子。秀吉には秀頼《ひでより》って息子がいたので、こいつが次のトップなんですが、このとき秀頼くん、たったの6歳（かわいい）。政治できませんよね。

だから五大老、五奉行メンバーが、引き続き政治を行います。

秀吉は死ぬ間際《まぎわ》に、特に徳川家康に頼みます。

豊臣秀吉「く……くれぐれも……秀頼を……頼みます」
徳川家康「オッケー（ローラだよ）」

ただ、家康は思うわけです。

「秀吉死んだ。オレNo.2だったから、実質今オレがNo.1か……。あ、オレ完全にNo.1か！」

天下ゲットできると気付くんですね（秀頼小せーし）。

秀吉が死ぬ前から思ってたかもだし、もっとずっと前から虎視眈々《こしたんたん》と天下狙ってたかもしれませんが、それは家康さんに聞いてみないとわかりません。

実質No.1になったという自信からかはわかりませんが、秀吉が死んでからの家康は「天下は自分のものだ」と言わんばかりの行動を取りだすんです。

秀吉が生きていた頃は禁止されていた事柄をバリバリやっちゃいます。他の大名に勝手に土地をあげたり、あとは、大名の家同士の結婚も禁止されていたんですが勝手に「いいよいいよ、家康が許すよー」とか言って、自分の家の者と、他の大名の子供を勝手に結婚させちゃったり。

それに対して「ちょっとそれおかしくありません!?」と怒っちゃったのが、

石田三成《いしだみつなり》さん。

石田さんは子供の頃に秀吉に家臣にしてもらってから、ずっと秀吉にかわいがってもらい、秀吉のことを尊敬《そんけい》し、秀吉のために尽くしてきました。

そんな石田さんは、家康さんの行動にまったく納得がいきません。

「家康のやつ、亡き秀吉様の言いつけを全然守らないじゃん！　秀頼様がまだ幼いのをいいことに、勝手なことばっかすんなよ!!　キレるぞ!!（ほぼキレてます）」

死んだ秀吉さんの言いつけを守って、秀頼くんを守《も》り立てて、それで豊臣家のために尽くすのが筋ってもん。

石田さんの言うことは的を射ているし、ルール違反をしているのは徳川家康の方。

誰の目から見ても悪いのは徳川家康。支持を集めるのは石田三成……のはず。

ただここで一つ問題が。

石田三成、メ…………ッチャクチャ!!　嫌われていたんです。

ですから全員が賛同者にならないわけです。

「三成テメーが何言ってんだよ！　家康さんに歯向かってんじゃねーよ！　お前マジ調子こいてんじゃねーぞ!!」

て、同じく秀吉のことを慕っていた人たちからも、いっぱいメンチ切られました。
その代表的なメンバーが、
加藤清正《かとうきよまさ》（清正井〈清正の井戸〉とかで有名かな？）、
福島正則《ふくしままさのり》（この人あんま有名じゃないかな？）、
黒田長政《くろだながまさ》（ＮＨＫ大河ドラマ「軍師官兵衛」で松坂桃李《まつざかとおり》さんが演じてらっしゃいました）。
この面々が怒るのには理由があるんです。このメンバーは、武断派《ぶだんは》（武闘派ってやつだね）。戦に出てゴリゴリに戦う人たち。
片や石田三成は、完全に官僚系《かんりょうけい》。お城の中で筆で仕事をするタイプ（ちなみに「文治派《ぶんちは》」っていいます）。
武断派からすれば「あいつ戦場に出て働かねーくせに、なんでいいポジション確保してんだよ！」てな感じ（もちろん三成も戦場に出ることはありました）。
ちなみに、秀吉は死ぬ直前に朝鮮に戦いを挑んだことがあったんですが、そのときの三成くんは、武将が取った行動を秀吉さんに報告する連絡係でした。
真面目《まじめ》な性格ゆえか、ミスや失敗も全部、秀吉に報告します。そこには一切の情もなし。それだけじゃなく、「これは秀吉様が望んでないだろうなあ」と思うと、そう

した行動もキッチリ悪く伝えちゃう。武断派は、

「テメ、チクってんじゃねーーーーよ!!」

ま、嫌われますよね。

小学生の頃に必ずいたタイプ。帰りの会で「今日、加藤くんが小西《こにし》さんのこと叩いてましたー」って報告するタイプ。え？　お前が被害受けたわけじゃないのに、なんで先生に、しかもみんなの前で言うの!?　ってタイプ、いましたね。

そんなこともあって、豊臣家の家臣は、内部分裂を起こそうとしていました。

家康にとってはちょー都合いい。もめればもめるほど、豊臣の力が弱まっていくわけですから「ケンカしろ。もっとケンカしろ」とニヤニヤしちゃってました。

が、これを寸前のところで食い止めていた人物がいたんです。

前田利家《まえだとしいえ》

加賀百万石《かがひやくまんごく》（加賀藩は今の石川県金沢市など）の基礎を築いた大物、五大老の一人、です。

前田利家（漫画『花の慶次《けいじ》』で有名な前田慶次の義理の叔父。ややこしいな）は、秀吉の昔からの友人。

家康さんの企《たくら》みを見抜いている利家さんは、

「今、豊臣の家臣同士でもめてちゃダメでしょ！　ちゃんと力合わせよう！　苦しいとき声出していこう！」

女子バレー部みたいな感じで仲裁《ちゅうさい》に入って、大きなもめごとになるのを防いでいました。

で、死にます。

ケンカ止めてたら、結構すぐに、利家死にます。

仲裁役がいなくなった豊臣の家臣たちの対立は、ヒートアップ。

遂《つい》に事件は起こります。

加藤清正くん、福島正則くん、黒田長政くんたちが、石田三成くんを暗殺しようとしたんです。

ですが、その計画を石田三成くんは事前に察知。逃げるわけです。

で、逃げ込んだ場所が……なんと徳川家康の屋敷。

ここは流石《さすが》の石田三成くんでした。

「家康は、僕たちにいっぱいもめて欲しいはず。ただ僕が殺されてしまうと、ケンカの火種がなくなってしまう。家康は、僕が助けてくださいって泣きついたら、絶対かくまってくれるはず……」

なんという頭の回転。

家康さんは、

「……おい、こいつ、オレのとこ来たよ……全部わかってるってことね……へ〜、やるじゃん」

ということで、かくまってあげることに。

加藤、福島、黒田たちは、

加藤清正、福島正則、黒田長政「家康さん、なんでだよ！　オレたちあんたのこと信じてたのに！　なんで三成をやらせてくれねーんだよ！　頼むよ！　この思いは止められねーんだよ‼」

徳川家康「うん。でもまぁまぁ」

と、軽くいなして、この事件を未遂《みすい》に終わらせます（本当のところは、三成は、家康さんの屋敷には行ってないっぽいよ。このとき家康さんは、京都の伏見城《ふしみじょう》ってとこがお仕事の拠点だったんだけど、三成くんも伏見城に、「治部少丸《じぶしょうまる》」ってお屋敷があったのね。そこに逃げ込んだっぽいよ)。

その後、ゴタゴタを起こした張本人として、家康さんは、三成くんを謹慎処分《きんしんしょぶん》にしました。すると、周りのみんなから、あのゴタゴタをちゃんとおさめたってことで、家康さんの株は上がりっぱなし。ますます家康さんの力が大きくなっていったのです。

そして……1600年。

一通の手紙が引き金となって、事件は起こります。

【見出し解説】

※こちらは「見出し」の解説コーナーです。読んでも読まなくても大丈夫なコーナーですが、これがあって「よかった!」という人もいると信じて書きます。

※さっそくですが、**「嫌われ者」**ほど、**正義**を叫ぶ昨今。世の嫌われ者たちに、敬意を込めました!

関ヶ原の戦い2

突然君からの手紙 ～君がくれたもの～

知る人ぞ知る「直江状」。宣戦布告はこんな形でやってきた！

さて、関ヶ原の戦いパート2でございます。

前回の内容を軽くおさらい。

日本、豊臣秀吉って人が治めてる。で死ぬ。

←

徳川家康って人が偉そうになる。

←

石田三成って人が家康に超反発。

←

そんな三成に加藤、福島、黒田って人たち

が超反発。
↓
加藤たち、三成を暗殺しようとする。
↓
三成、半ベソで家康のとこに逃げ込む。
↓
家康、かくまってやるけど、三成に「お前、謹慎《きんしん》ね」って言う。
↓
家康、ますます偉《えら》そうになる。

乱暴だな〜って感じでおさらいするとこんな感じでした。

さて、時は1600年です。

「今、天下はほぼオレのもの。『今、天下はほぼオレのもの』って独《ひと》り言《ごと》を言っちゃうくらいオレのもの」

って言ってる徳川家康さんは、同じ五大老というポジションにいる
上杉景勝《うえすぎかげかつ》さん

に、こんなことを言います。

「そういや、年明けたのに、年始の挨拶《あいさつ》来ないねぇ……？　あ、それと噂《うわさ》で聞いたけど、自分のお城改修《かいしゅう》したり、武器とかいっぱい集めてるんでしょ？　え……？　ちょちょちょちょちょ、ちょっと待って、ちょっと待って……もしかして豊臣家に謀反《むほん》（上司にそむいて、上司のことをやっつけちゃおうとすること）起こそうとしてる……？　え？　マジありえないんだけど!?　謀反する気がないって言うなら、会津《あいづ》（福島県）から大坂（昔は大阪じゃなくて大坂だよ）まで来て説明してくんない？」

　家康さん、自分こそ豊臣を無視して〝反豊臣！〟的な状況のくせに、ちゃんと豊臣家に従ってる上杉家のことを「こいつらヤバいよ。豊臣の敵かもよ」とみんなにアピールします。

　上杉家の力を削《けず》りたかったんでしょうね。

　しばらくすると、家康さんのもとに一通の手紙が届きます。

家来「内府様《ないふさま》（家康さんこう呼ばれてました）、上杉家から書状が届きました」

徳川家康「え？　手紙？　本人来なくて手紙？」

差出人は上杉家家臣
直江兼続《なおえかねつぐ》。

（何年か前、ＮＨＫ大河ドラマ「天地人」で妻夫木《つまぶき》聡《さとし》さんが演じてました。「愛」っていう文字の兜《かぶと》をかぶってたのを覚えてる人もいるかな？）

手紙の内容を現代風に、すごく長いのでちょっと短くして、しかも僕のフィルターを通して紹介しますので、みなさんは徳川家康になった気分で読んでみてください。

感覚としては、自分より立場が下（後輩とか部下とか）のやつの、そのまた下のやつから届いた手紙だと思って読んでみてください。


《うちらについていろんな噂が飛び交ってて、家康さん、あなた上杉のこと疑ってるみたいですね？

謀反《むほん》を起こすとか思ってるんでしょ？　そんなわけねーだろ。

隣《となり》の市内とかでも噂なんて立つもんなんだから、大坂と会津くらい離れてたら、「景勝しょーもない」くらいの意見も出てくるわ。

てか、そんな話、聞く耳持たないでもらえます？

うちの景勝が来ないから怪しいって言ってるけど、うちら、一昨年にそっち行って、去年の9月にこっち帰ってきたのよ。で、また来いって。いつこっちの仕事しろっての？

あと、こっち超雪国だから、10月から3月まで、う・ご・け・な・い・の！

え？　それでも景勝疑います？

景勝はもちろん謀反なんて考えてないけど、景勝のことをおとしいれようとするやつがいます。そいつの言ってることを調べず、「あいつ謀反考えてる」っておかしくない？　適当な判断しないでください。そいつに尋《たず》ねて、どっちが正しいか判断してください。それができないって言うんなら、家康さん、あなたこそ裏表ある人間なんじゃありません？

この前、こんな感じで前田家に出した命令も、あなたの思い通りになりましたよね。エラくなられたもんですねー。

そういや、うちらがお城工事したり、武器集めたりするのも怪しんでらっしゃるようですね。

なんでも都会では茶器を集めたりするのが流行ってるらしいですけど……。でもごめんなさい。こっちは田舎者なんで、武・士・ら・し・く！　鉄砲《てっぽう》や弓《ゆみ》集めてるんですよ～。

てか、そんなこと気にするの、ちっちゃくないすか？

裏切らないつもりなら、こっちに来てちゃんと説明しろって、あまりにクソガキの考えで、話になりません。

ま、どんだけ言ってもわかんないんでしょうね。家康さんが物事の分別《ふんべつ》がつくようになったら、そっち行きますわ。

今こっちから戦争ふっかけたら、悪者にされるのこっちなんで一応やめときます。

でも、ウソを言ってるやつのことを信用して、こっちを「人の道に反してる」って言うなら、約束とか誓《ちか》いとか必要なくなるよね（戦争しようか？）。

そっちに使者送って話をしようかとも思いましたけど、あなたの周りは、ウソツキで嫌なやつばっかりなんで、こちらの意思が伝わらないんですねえ。

あ、世間はどっちが悪いか知ってますよ。

お考えを変えていただきたく、ぶしつけですが、遠慮なく書いてみました。

直江兼続》

「殺す!!」

当然、家康さんブチ切れました。

家康の立場で読むと、とんでもなく腹立つ文章ですが、逆の立場で読んでみるとなんと男気ある手紙だと思いませんか？

いくら自分たちが間違ってないからといって、当時の日本のトップにこんな真っ向から啖呵《たんか》を切るなんて、並の武将じゃできません。

これが有名な

「直江状《なおえじょう》」

っていうお手紙なんです。関ヶ原の戦いのキッカケになったと言われてるお手紙です（もちろん、もっと丁寧な言葉遣いで書かれてますよ。でも、この「直江状」、原本が残っておらず、写《うつ》ししか現存していません。だから、捏造《ねつぞう》されたものなんじゃないかとか、お手紙はあったけど加筆されているんじゃないかとか、今でも意見が分かれるところです。ただ、家康を怒らせた書状《しょじょう》〈お手紙〉が、直江兼続から届いた可能性は高いみたいです）。

このお手紙がキッカケで、

「もはや上杉の謀反は確実！　討伐のため、会津に出陣《しゅつじん》!!」

となるわけです。

断っておきますが、家康さんはあくまで、豊臣家の家来《けらい》の立場をとっています。

徳川家康「上杉やっちゃうから、みんなついて来て！　いい？　豊臣家のためよ。秀頼様（このときまだ8ちゃい）のためよ!!」
みんな「……だよな。秀頼様（まだ8ちゃい）のためだよな！　上杉やっちゃおう！」

てな感じで、とんでもない数の武将と兵隊が集まります。

ところで、この**会津征伐《あいづせいばつ》**（上杉やっちゃおうの戦い）には、二つの説があります。

1．石田三成と直江兼続は親友なんですが、兼続くんがわざと家康さんを怒らせて、会津におびき寄せたスキに、後ろから三成くんが軍隊率いてハサミ撃《う》ちにしちゃおうの作戦だった。
2．家康さんは、上杉さん家《ち》にわざといちゃもんつける。そしたら反発してくるだろうから、それを口実にカモフラージュで上杉さん家に攻め込む。そしたら三成くんが軍隊率いてケンカふっかけてきてくれるから、やっと三成くんと戦える（反発してくるってのは想定内だけど、家康さんは、直江状みたいな過激なのが届くと思ってないから、「ここまでとは思わんかったわ！」って、どっちにしろブチ切れたのは本当っぽいですが）。

ただ、次に紹介するエピソードがあるため、2が有力なのではないかと言われています。

家康は考えました。

「上杉を攻めれば三成は必ず動く。その際、おそらく最初に狙われるのは伏見城《ふしみじょう》（P37でも書いた京都の伏見にあるお城）。ここが落城《らくじょう》（城を落とされる、つまり負けるってこと）するのは確実だが、ある程度、三成たちを食い止めてもらわないと、〝関西〟がソッコーで三成の手に落ちて、しかも上杉とのハサミ撃ちが完成してしまう。一体この役目、誰に任せれば……」

絶対に死ぬことが決まっている役目。

もしこれが並の男なら、すぐに三成に城を明け渡すことになってしまう。
家康は悩みに悩み、考えに考え抜いた末、この役目を、
鳥居元忠《とりいもとただ》
という武将に頼むことにします。

さて、家康の幼い頃は、苦労の連続でした。

三河《みかわ》の岡崎《おかざき》（今の愛知県岡崎市）の弱小豪族《ごうぞく》の家の子として生まれた家康は、子供の頃、ずっと人質に出されていたのです（大名同士が仲良くするとき、私はあなたのことを裏切りませんよ、の意味を込めて、家族を人質に出しました。家康の家は立場が下だったので、強い大名に対して、家康のお父さんが、「うちを守ってください！　全部あなたに従いますから！　その証として、うちの子供をあなたに預けます！　私が何か納得いかない行動取ったときは、どうかその子を殺してください！」っていう意味合いで、人質を出してました）。

肩身の狭《せま》い家康の人質時代、ずっとそばで支えてくれたのが鳥居元忠でした。徳川家の家来である元忠も、家康に付き添《そ》って、一緒に人質時代を過ごしたのです。

家康よりも3、4歳年長の元忠。

主君（殿）と家来という縦《たて》の関係はあれど、時には兄弟のように、時には友達のように、少年時代をともに過ごしたのではないでしょうか。

今や、人質の身分から解放されて、立派に大名として、今の愛知県を治めるようになった家康。そこから幾多《いくた》の戦いを繰り返し、大きな大きな大名へと成長していった家康のそばには、いつも元忠がいました。

数十年、苦楽をともにしてきた仲です。いっぱい悲しかった、いっぱい笑った、いっぱい嬉《うれ》しかった、いっぱいいっぱい、いろんなことがあった間柄《あいだがら》。

家康はそれでも、この役目——死ぬことが決まっている——に元忠を選びました。今回の大任《たいにん》を果たしてくれる男と見込んで……。

上に立つ者は、時に周りから非情《ひじょう》と思われても、そういう選択をしなければならない。なんといっても、これからの日本を左右する決断なのです。

家康は元忠に告げます。

徳川家康「伏見城にて留守を守ってくれ」

鳥居元忠「はっ！　ありがたき幸せ！」

この役目が何を意味するのか——。

元忠は、自分がどんな結末を迎えるのかを全てわかった上で、家康の命に快《こころよ》く従います。

その晩、二人は酒を酌《く》み交わしました。子供の頃からの付き合いです。いろんな思い出話に花が咲きます。そして、家康は切り出します。

家康「今回の伏見城に割《さ》ける兵数だが……」

元忠は遮《さえぎ》るように、

元忠「殿。殿はこれから天下の大仕事を果たされる身。兵は多ければ多いほどようござる。伏見に置いていかれる兵は限りなく少なくて構《かま》いませぬ」

家康「…………」

元忠「今宵はもう遅い。そろそろお休みになりませんと。誰か！　殿が床《とこ》につかれる。お手伝いを致《いた》せ」

戸を開けて入ってくる小姓《こしょう》。

小姓が家康に触れようとしたとき、その手が止まります。

家康がボロボロと泣いていたからです。

これが今生の別れになるとわかっている家康の目からは、涙が止まらなかったのです。

――その後、家康の思った通り、三成たちは兵を挙《あ》げ、まず最初に伏見城を攻撃してきました。その数、およそ4万。

対して伏見城（元忠が守っている）の兵数は、1800。

まともな戦いにならない兵力の差です。

が、元忠はこの圧倒的不利な状況で、なんと13日間、敵を食い止めたのです。

家康は、三成に決戦を挑《いど》みに行く途中、元忠の自害《じがい》の知らせを聞きます。家康は乗っていた馬から崩れ落ち、地面に突っ伏して、わあわあと泣いたそうです。

関ヶ原の戦いの後、伏見城で死んでいった武将たちの血痕が残った床板を、供養のためにと京都のいろんな寺院に持って行き、そこの天井に張りました。

これは「血天井《ちてんじょう》」と言われ、今でもそれらのお寺に残っています。

家康と元忠のエピソードが本当はどういうものだったのか、今となってはわかりません。今回紹介したお話も創作が交ざっていると思います。

ただ、元忠を始め、伏見城で散っていった武将たちみんなが、「自分たちの子孫のために、争いのない国を造ってくれるのは家康だ」。そう信じて戦ったのは、紛れもない事実ではないでしょうか。

【見出し解説】
※**「突然君からの手紙」**は、FIELD OF VIEWの「突然」という楽曲の歌詞。まさに「直江状」だ！
※ZONEの楽曲に「secret base **～君がくれたもの～**」があります。僕はこの歌に、家康と元忠の友情を重ねてしまいます。

関ヶ原の戦い3

導かれし者たちと大人の学級会

家康タヌキ！　武将たちの思惑を操って〝オレ様王国〟を着々と

関ヶ原の戦いパート3です。
ちょっとおさらいです。

秀吉死ぬ。
←
家康偉そうになる。
←
三成、家康に腹立つ。
←
それでも家康の勢いグイグイ。

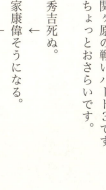

↓
家康、上杉家にムカついて攻めようとする。
↓
このタイミングだ！　ってことで、三成も軍隊立ち上げる。

こんな感じでした。

前回、三成さんは伏見城を攻めたと書きましたが、ちょっとだけ時間軸を戻して、どんな感じでそんな感じになったかご説明を。


家康さんから謹慎処分を食らっていた三成さん（三成暗殺ゴタゴタ事件。詳しくは「超嫌われ者の正義感」ってタイトルのやつ見てね。P28だよ）。

家康さんが上杉を倒しに会津（福島県）に向かったのを知ると、

「よし！　このタイミングだ!!」

と、三成さんは家康さんを倒すことを決意します。

で、仲間を募ることを考えたわけですね。

まず最初に相談したのが、

大谷吉継《おおたによしつぐ》
という武将。いろんなドラマやゲームで、白頭巾《しろずきん》かぶってるビジュアルの人です。
この人、豊臣秀吉さんから「百万の兵を指揮させてみたい」って言われたことがあるくらいの、超強ぇー人。で、三成くんの大親友。
三成くんは言います。

石田三成「家康を倒すために立ち上がろうと思う」
大谷吉継「やめておけ。勝てない」
三成「しかし……」
吉継「勝てる見込みはない。ただ、お前がそれでも戦うと言うのなら、オレはついて行く」

……カッコよすぎじゃね？
死ぬまでに言ってみたいセリフの上位にきます（「ここはオレ一人で充分だ。お前たちは先に行け」も言ってみたいセリフです）。
さて、吉継が三成と大親友になったエピソードに、こんなものがあります。

武将たちが集まるお茶会。

そこのルールは、一つのお茶碗でまわし飲みするというもの。

顔から膿《うみ》が出る病気の吉継のことを（だから白頭巾かぶってるんですね）、みんな少し嫌《いや》がっていました。

吉継にお茶碗《ちゃわん》がまわってきます。

そのとき、ちょっとしたアクシデントが。お茶の中に膿が落ちてしまったのです。

「！」

吉継を始め、その場にいた全員が息を呑《の》みました。

吉継がお茶碗を渡すのをためらっていると、隣から声が。

「どうされました吉継殿？　オレ喉《のど》渇いたから早くお茶ちょーだい」

男はお茶碗を吉継から奪い、中に入っていたお茶を全部飲み干してしまったのです。

吉継は驚きとともに、感動を覚えたのでした。その男こそ、石田三成だったんですね（いい話ですが、作り話の可能性が超高いんですって。残念）。

ついて来てくれると言った吉継に、三成は感謝します。

三成「ありがとう！」
吉継「でもお前嫌われてるから、総大将はお前じゃな……」
三成「え？　え？　え？　え？　え??」
吉継「え？　だから総大将を誰にするかって……」
三成「いや前半部分……？」
吉継「え？　だからお前嫌われてるじゃん。だから総大将は……」
三成「ん？　ん？　ん？　ん？　ん？　ん??」
吉継「何だよ？」
三成「いや、嫌われてるとか何とかって……」
吉継「うん、お前嫌われてんじゃん」
三成「あ、確実に言っちゃうんだ」
吉継「嫌われてるよな？」
三成「それを本人に確認するの、ムゴすぎない？　うん、オレ嫌われてるよ！　って言うと思った？」
吉継「それはいいんだよ。総大将の件な。毛利の輝元さんに任せた方がいいと思うよ」

関ヶ原の戦いにおける東西の両ボスって、
徳川家康VS石田三成
って思われがちですが、実際は、
徳川家康VS毛利輝元（五大老の一人）
なんですね。
まあ、発起人《ほっきにん》であり、実際に家康に挑《いど》んだのは石田三成なんで、家康と三成の戦いで差し支えないですけどね。

三成くんはその後、自分と同じことを思ってる人たちに声をかけ、仲間を募《つの》ります（嫌われ者だ、嫌われ者だとばっかり書いてきましたが、根が真面目で優秀な男なので、お友達もいっぱいいます）。
お友達が集まったところで、三成くんは全国に
「内府ちかひの条々」
っていうものを配ります。内府（家康のこと）は違うぞ！　っていう告発文みたいなものですかね。「あいつ、勝手に人に土地与えたり、悪くもない上杉さんを攻撃しようとしてるよ！　みんなでやっつけようぜ！」みたいなことが書いてあります。

三成も嫌われてましたが、家康にムカついてる大名もいっぱいいたから、これでかなりの人数が集まりました。

「それでも家康の方につく！」ってやつもいます。そういうやつが家康のとこに行けないように、次に三成は関所《せきしょ》を封鎖《ふうさ》します（昔は日本にある各地域の一つひとつを、国みたいな感じで捉えてましたから、その境には関所ってもんがありました。今でいう税関《ぜいかん》みたいなもんかな。レインボーブリッジは封鎖できませんが、関所は封鎖できます）。

で、家康について行ってる武将さんたちの奥さんや子供を、人質に取っちゃいました（ひどーい）。

そして、あの伏見城攻撃という感じだったんですね。

さて、三成くんが挙兵《きょへい》（兵を集めて戦うぞ！　ってこと）したことは家康さんにも知らされます。

上杉をやっつけに行ってる途中ですが、「ストーップ！　ストップ！　ストップ!!　一回会議しまーす」ってなことになります。

小山《おやま》（栃木県小山市だよ）ってとこで会議が開かれました。

徳川家康「えーみなさん。三成くんが挙兵しました」
武将たち「わ！　やりやがった！　ザワザワ……ザワザワ……」
家康「はい、ザワザワしない。えー三成くんはみなさんの奥さんやお子さんを人質に取ったりもしてます！」
武将たち「えーー!?　ザワザワ……ザワザワ……」
家康「はい、ザワザワしないよー。気持ちはわかるけど、ザワザワしないよー。私は三成くんと戦います」
武将たち「ザワザワ……ザワザワ……」
家康「ザワザワしない。何回も言わせないのー。家康しゃべってるでしょー。で、やっぱり人質取られるとみんな嫌だよね？　だから、『やっぱり奥さんと子供が心配です。三成くんの方に味方します』っていう人がいても、家康仕方ないと思います」
武将たち「ザワザワ……ザワザワ……」
家康「私は僕は、三成くんの味方になります！　っていう人、手挙げて」
武将たち「シーン」

家康「ここはザワザワしてー。〝シーン〟はどっちかわかんないから、一番怖いよー」
福島正則「はい！」（挙手）
家康「はい、福島くん」
福島「僕は、三成くんは豊臣家にとって一番よくない人だと思います。だから、人質を取られても、せんせ……じゃないや、家康さんについて行こうと思います！」
家康「ありがとう福島くん。福島くんはせんせ……じゃないや、家康について来てくれるそうです。みんなはどうかな？」
武将「……オレも家康さんについて行きます！」
武将「オレも！　三成嫌いだし！」
武将「うん、オレも！」
武将たち「オレも！」「オレも！」「オレも！」……
田丸直昌《たまるなおまさ》「…………」
家康「田丸くん？　どうしたの？」
田丸「……僕は三成くんのこと嫌いだけど、豊臣の秀頼くん（8ちゃい）が三成くんのとこにいるので、家康さんには味方できません!!」

武将たち「ザワザワ……ザワザワ……」
家康「はい、ザワザワしない。ザワザワしないよー。田丸くん……全然いいんだよ。
逆に秀頼くんのことを心配して、この場でその発言ができるのは本当に偉いと
思います。お土産にこの刀をあげます。三成くんのとこに行きなさい」
田丸「せんせ……家康さん……！　ありがとうございます！」

こんな感じで、家康はその場にいた武将をほぼほぼ味方につけました。

これが
「小山評定《おやまひょうじょう》」

っていう有名な会議です。

ただこれにはいろんな説がありまして、福島さんが味方につくって宣言してくれるよう、事前に根回しがあったとか、田丸さんはその場にいなかったとか、なんなら家康さんもそこにいなくて、家康さんの家来が代弁したとか。

ただ田丸さんが三成さんの方に味方したのは確かです。

そしてもう一人。三成さんの方につくと決めた武将がいました。

真田昌幸《さなだまさゆき》。

戦国時代きっての知将。

この後、関ヶ原の戦いを大きく左右する人物です（ＮＨＫ大河ドラマ「真田丸《さなだまる》」で草刈正雄《くさかりまさお》さん演じる真田昌幸が素晴らしすぎる！）。

徳川、石田、お互いの軍が調いました。

ここにようやく、

東軍《とうぐん》**・徳川家康**

西軍《せいぐん》**・石田三成**

この対戦構図が完成したのです。

しかし、世の中が大きく動くとき、運命のイタズラはつきものです。

ここから二人を待ち構えているのは、誤算《ごさん》に次ぐ誤算……。

関ヶ原の戦いが始まる、約２ヶ月前のことでした（by ＮＨＫ「その時歴史が動いた」）。

【見出し解説】

※1990年に発売された「ドラゴンクエストⅣ **導かれし者たち**」にハマった方も多いでしょう。先頭についてえっちらおっちら歩いては戦う様が、なんだか〝家康とその仲間たち〟という印象がありまして。

関ヶ原の戦い4

地獄の業火に焼かれながら ～ドレミファソラシド～

騙し合い・試し合いの間で、悲劇の道をたどった姫もいた――

お待たせしました、関ヶ原の戦いパート4です。

僕は、あふれんばかりの知識が漏《も》れ出てしょうがないとかいうタイプではありません。何でも知ってるわけではないので、もし会っても「あれは実際どういうことなんですか?」とか「あの件について見解《けんかい》を教えてください」とか、あまり難しいこと聞かないでくださいね。「ハゲたこと言ってんじゃねー」って言い返す可能性ありますんで。

では前回までのおさらい。

豊臣秀吉、死ぬ。

←

徳川家康、オレの世の中だーってなる。

←

石田三成、それは違うって怒る。

←

徳川家康、ケンカか？　ってなる。

←

石田三成、ケンカだよ！　ってなる。

←

石田三成、仲間募《つの》る（西軍《せいぐん》）。

←

徳川家康も、仲間募る（東軍《とうぐん》）。

←お互いやってやろうじゃねぇか状態。

こんな感じでした。

三成くんは仲間を募った後、東軍の武将（徳川家康さんのお仲間たち）の家族たちを人質に取りました。

ただこれ、全部ポケモンゲットできたわけじゃありません。中には、うまく逃げのびた奥様たちもいたんです。

その一方で、悲劇的な結末を迎えた人もいます。

細川忠興《ただおき》という方の奥さん、

細川《ほそかわ》ガラシャさんです（ガラシャさんてスゴい名前ね。クリスチャンネームだよ。ちなみに明智《あけち》光秀《みつひで》の娘さんだよ）。

西軍の人たちが、ガラシャさんのお家《うち》を囲んで

「おいガラシャ！　人質になれよ！」

と脅すと、

「夫の足を引っ張ってはいけない。私が取るべき道は……」

家に火を放ち、死を選んでしまったのです（ガラシャが死んだ後、さらに家臣が屋《や》敷《しき》に爆薬《ばくやく》を仕掛けて、火をつけています）。

父が起こしたクーデター（本能寺の変《ほんのうじのへん》♪）によって、狂いだした運命。バテレン追放令《ついほうれい》（秀吉さんが「キリスト教は日本から出てけー」って言ったやつ）が出される中で、あえてキリスト教の洗礼《せんれい》を受けた決意。自らの命を絶った壮絶な最期《さいご》（キリスト教の教えで自殺は禁止されているので、家臣に胸を突かせたそうです）。

波瀾万丈《はらんばんじょう》の人生を送った彼女を題材にした小説、戯曲《ぎきょく》、オペラはたくさんあります（僕まったく知らないので、どんな感じかどなたか教えてください）。

人質を取ることによって、東軍の人たちの弱みを握《にぎ》ろうとした三成でしたが、ガラシャさんのこの一件で西軍への非難《ひなん》は高まり、東軍の結束力をより強いものにする結果を招いてしまいました。

ちなみにガラシャさんの夫である細川忠興さんは、１９９０年代に内閣総理大臣を務められた細川護熙《もりひろ》さんのご先祖様にあたります。

近畿《きんき》を中心に、いろんな土地とお城を、三成色に染めている西軍。

一方、小山評定（家康VS三成、つくならどっち!?　の会議）を終えた東軍の面々は、それぞれが別のルート、別のタイミングで、西軍の待つテリトリーへと繰り出していきます。

ある者は、真っ先に西軍にケンカを売りに。

ある者は、戦の準備をしに自分のお城へ。

ある者は、東軍のみんなが泊まれるよう、自分のお城のベッドメイキングへ。

そんな中、東軍の総大将徳川家康はというと……。

家康は、息子の

徳川秀忠《とくがわひでただ》（のちの徳川幕府第2代征夷大将軍《せいいたいしょうぐん》である）

を呼んで、こんなことを言います。

徳川家康「いい？　今からね、三成くんと戦うためにお出かけするの。わかる？」

徳川秀忠「わかるー」

家康「でね、お父さんと秀くんは、別々の道で行きます」

秀忠「やだーー！」
家康「やだじゃないの。いい？　秀……」
秀忠「やだ！　やだ！　やだ！　やだ！　やだ！」
家康「聞いて、これはね、おと……」
秀忠「やだ！　やだ！　やだ！　やだ！　やだ！」
家康「これは……」
秀忠「やだ！　やだ！　やだ！　やだ！　やだ！」
家康「3万8000‼」
秀忠「！」
家康「3万……8000……」
秀忠「さんまん……」
家康「3万8000‼」
秀忠「！」
家康「3万8000。3万8000の軍勢を、秀くんに預ける」
秀忠「……うそ？」
家康「ホント。それに、榊原《さかきばら》さんや本多《ほんだ》さんみたいにスゴい人たちも秀くんと一緒に行くから」
秀忠「……ホント？」
家康「ホントだよ。パパは東海道って道を通るから、秀くんには中山道《なかせんどう》って道を通って、西に向かって欲しいんだ。どう？　行けそう？」
秀忠「うーん……行けそう！」
家康「そう！　秀くんはエラいね～」

（秀忠ファンの人、いたらごめんなさい。僕個人的にも秀忠さんは本当に優秀な方だと思ってますからね）

家康が率《ひき》いた軍は3万。

秀忠には3万8000。

徳川軍の主力部隊は実質、秀忠の方でした。

自分の跡を継ぐ秀忠に、責任を持たせ、経験を積ませたい。ただちょっと、兵の数は多めに……。家康パパの、ちょっぴり優しさが交ざった帝王学だったんじゃないでしょうか。

西に向けて出発する徳川秀忠。

当の家康さんはというと。自分のお城、江戸城にこもって、約1ヶ月動きません。何してたか。

手紙を書いてました。

何で？

すっごく重要な準備があったから。

当時は、携帯もパソコンもない時代。情報ツールは、手紙。

戦国時代というグチャグチャな時代だからこそ、みんな、いや、おそらく一部の優秀な人たちが、気付き始めたんです。

いろんなこと知ってるやつが勝つ……。

「知ってる」っていうのは、知識ももちろんですが、特にリアルタイムな情報のことです。

どこどこであいつが死んだ。今それ知ってるの、オレだけ……。

あの国があの国を攻めるらしい。オレはどう立ち回ろう……。

誰それが実はあいつのことを不満に思ってる。今話しかけたらオレの味方になってくれるかも……。

戦国の数ある戦いの中で、勝者は常に、情報を制していた側のような気がします。

そして、この当時、情報を運ぶ最も有効な手段は「手紙」でした。

家康は書いて書いて書きまくりました。

すでに味方の人には、

「頑張って戦ってね。勝ったら石高《こくだか》（お米どんだけ取れるかっての表したやつ。つまり土地どんだけ持ってるかってことね）アップ約束するから」

と、勝った後の報酬《ほうしゅう》の話をしたり。

自分の家臣には、

「あの人にはこういう動きをしてもらいたいから、こう伝えて」

と、細かい指示を出したり。

西軍についてる武将には、

「いざ戦いとなったら、是非こっちについて欲しい」

と、裏切りを促したり。

戦いを有利に運ぶため、お願いと思いと約束を、いろんな武将に届けました。

その数、なんと**150通以上**。

手紙を書き終えた家康は、やっと江戸城を出発しました。

家康のもとには、「中部地方での戦いで、味方が勝って城を取った」というお知らせも入ってきてます。いい感じ。
家康はついに、三成率いる西軍の目の前に到着。
いよいよ物語はクライマックスへ。
ただそこには……家康に訪れる、今回の戦、最大の大誤算……。
See you next day バイバイ。

【見出し解説】
※「**地獄の業火に焼かれながら**それでも天国に憧れる」というのは、漫画『金田一少年の事件簿』に出てくる名台詞。金田一少年へのオマージュも（なぜか）込めて。

関ヶ原の戦い5

私の思慕《おも》いをジョークにしないでって言ってやりたい。私はマジなんだから

関ヶ原の戦いが始まる直前まで、趨勢はゆらゆらと動いていた

それでは参りましょう。関ヶ原の戦いパート5。

では、今回もおさらいから。

豊臣秀吉死ぬ。

↓

徳川家康いばる。

↓

石田三成怒る。

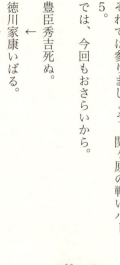

仲間を連れてケンカする二人。
←
そろそろせきがはらのたたかい。
←
そろそろ東軍（ボス徳川家康）、西軍（ボス石田三成）、全員のスタンバイが完了する、というその頃……。
家康さん、ふと思います。秀忠来ないなぁ……。

徳川家康「秀忠って来た？」
家臣「いえ、まだ」
家康「あ、そう。……遅くない？」
家臣「遅いっすね……ま、でもあれじゃないですか？　こうやってしゃべってたらまもなく来ますよ」
家康「だよね～」
家臣「あ、今、馬の音した！」

家康「え!?　来た？」

家臣「あ、違うわ。なんでもない音だ」

家康「なんでもない音ってなんだよ」

家臣「すんません。ま、でも来ますよ」

家康「だよね……早く来なさいよってお手紙も出したもんね」

家臣「そうですよ」

家康「………君、槍《やり》、替えた？」

家臣「いえ、前のままです」

家康「あ、そう……」

家臣「……家康さん、刀《かたな》新しいやつに、か……」

家康「これずっと使ってるやつ」

家臣「ですよね」

家康「…………」

家臣「…………」

家康「…………」

家臣「…………」

家康「…………………………………」

家臣「ま、もうす……」

家康「来ねーーじゃねーーーか!!」

家臣「!!!」

家康「来ねーじゃん!!　て!!」

家臣「いや……」

家康「これ、待てど暮らせどってやつだろ!　あのクソガキ何やってんだーーー!!」

秀忠は何をしていたか。

なんと、上田城（長野県だよ）という敵のお城で、行く手をバッチリ阻まれていたんです。

3万8000の秀忠の兵が、たった2500の兵に食い止められてました（2000〜3000って感じらしいよ）。

西軍につくと言って去っていった、**真田昌幸**《さなだまさゆき》と、その息子、

真田信繁《さなだのぶしげ》（幸村《ゆきむら》）、二人の手によって。

わずか2500の兵で、3万8000を手玉にとっていたんです（どんな戦いだったかは、第二章「真田三代《さなださんだい》」にて詳しく取り上げます）。

家康さんが秀忠に向けて出したと言っていた、「そこはいいから、早く来い」と書かれた催促《さいそく》の手紙。

秀忠は読まずに食べたわけじゃないんです。なぜなら秀忠はヤギじゃないんで。悪天候のため、手紙を運んでる人も、秀忠のとこにたどり着くのが超遅れたんです。

結論から言います。

徳川秀忠は、関ヶ原の戦いに間に合いませんでした。現場に着いたのは、何もかもの決着がぜーんぶついた後。

そうです。

家康の大誤算とは、秀忠率いる3万8000の兵が来なかったことなんです。

家康は大激怒。

戦いが終わった後、秀忠に下した罰《ばつ》は、無視。

切腹《せっぷく》とか、跡《あと》を継《つ》がせないとか、領地を没収するとかじゃなくて、無視。

ただの無視じゃありませんよ。秀忠が会いたいって言ってるのに、会わないんですから。顔も合わせないパターンの無視です。

いい大人がいい大人を無視です。おじいちゃんがお父さんを無視してる感じです。スゴく怒ってたんでしょうね。

日本の全武将を巻き込んだ、この国の未来を決定づける超大事なスーパーバトルに、徳川家康は主力部隊なしで挑むことになりました（宇宙人に地球が攻め込まれたとき、「サッカーで勝ったら地球人の命は助けてやる」っていう大事な試合に、メッシとネイマールとクリスティアーノ・ロナウドが出られないみたいなもんですね。……たとえを出して逆にわかりにくくなることもあるんですね）。

西軍・東軍、お互いのボルテージは最高潮《さいこうちょう》に達していました。流れというものは止められません。

家康は腹をくくります。

「いつまでも彼（秀忠）を待ってても仕方ないわ。今いる人数で戦うわよ！」

一方西軍では、家康が本隊来なくてテンパってるなんて知らず、こちらはこちらでテンパってました。

なぜか？

西軍のみなさん「え〜……こんなに早く家康来るなんて聞いてない……もうちょっと着くの遅くな……え？　……ちょっと待って……メチャクチャ多くない？　数多くない？　ウソ〜……しかも家康って戦うのうまいんだよ。で、何となく、東軍は力合わせてるぞって感じがすごい伝わってくる〜……正直動揺《どうよう》してます……」

そう、動揺してたんです。

家康が率いてる数は３万。主力部隊がいないとはいえ、とんでもない数です。

そんなときに、

「この動揺を、鎮《しず》めてご覧に入れましょう」

そう三成に申し出た武将がいました。

島左近《しまさこん》。

この人、こんなこと言われてる人です。

「治部少《じぶしょう》に過《す》ぎたるものが二つあり
島の左近《さこん》と佐和山《さわやま》の城」

〈治部少〈三成のことだよ。役職名の略だね〉にはもったいないもんが二つあるんだよなー。島左近と佐和山城だよなーって感じの意味ね〉

島左近は、あまりに強くて優秀なので、かつて、「お願い！　家臣になって！　オレが今持ってる土地半分あげるから!!」とまで三成に言わせた男なんです。

石田三成「ホント!?　お願いできる!?　この状態をなんとかしてくれる？」

島左近「お任せを」

さっそく島左近、バッ！　と東軍の前に現れると、ヘイヘーイ！　ヘイヘーイ！　ヘイヘイヘーイ!!　と東軍を挑発《ちょうはつ》。

東軍「ヘイヘイ言うな！」

挑発に乗った東軍は、攻撃を仕掛けてきます。

小競《こぜ》り合いをほんのちょっと繰り返した後、逃げる島左近たち。

左近たち「ヒェーーー」
東軍「待てーーー」
追いかける東軍。ところが、ある程度まで来ると、ババババッ！　隠《かく》れていた島左近の兵たちが東軍の横に急に現れたのです。
東軍「ビックリしたー」
急な攻撃を食らった東軍はヘニョヘニョ。
さらに、宇喜多秀家（もう記憶にないでしょうが、五大老の一人。岡山の人。僕同郷）の家臣、明石全登《あかしたけのり》（この人「大坂の陣」って戦いでも大活躍しますが、それはまた別のお話。ちなみに、「たけのり」「てるずみ」「ぜんとう」など、読み方は諸説あり、ちゃんとわかっていないんだそうです）も攻撃に加わり、東軍はボッロボロ。
西軍のみなさん「おおー！　パチパチパチパチパチパチパチパチ（鳴り止まない拍手）」
三成「イッエーイ！　さすが左近ちゃん！」

関ヶ原の戦いの前哨戦と言われている**「杭瀬川《くいせがわ》の戦い」**は、西軍の大勝利に終わったのです。

しかし、これで戦は終わりません。

西軍東軍、次なる戦いに備えます。それぞれがそれぞれの配置に就きました。

戦いが始まる前の緊張感漂う中、ぬるっと別の緊張感が襲います。山の上にスタンバイが完了した西軍の部隊をムリヤリどかして、そこに居《い》すわったやつがいたんです。**小早川秀秋《こばやかわひであき》。**

関ヶ原の戦いが描かれるとき、この人が出てこないことはないくらい、ターニングポイント野郎です。

豊臣秀吉の奥さんの甥《おい》っ子（ちょっと遠いね）で、もちろん西軍の人間なんですが、彼は揺れる想いを体じゅう感じていました。

どうしてか？

家康に恩があったからです。

数年前、領地を替えられ、石高《こくだか》（お米の取れ高で表す土地の生産性だよ）も減らされた秀秋を、元の領地に復活させてくれたのが徳川家康だったのです（なぜ石高を減らされたかについては、三成が「あいつダメですわ」って秀吉にチクって、領地を替えられた説があったりします。本当なら三成と秀吉のこと恨《うら》むよね）。

でも、立場はこれ以上ないくらい西軍な自分……。

悩むのもムリありません。秀秋、このときまだ弱冠《じゃっかん》19歳。

さらに秀秋を悩ましたのが、三成と家康、それぞれからのご褒美《ほうび》の話。

三成からは、「西軍に入ってくれたら、秀頼様（8ちゃい）が成人するまで、関白（秀吉さんがやってた役職。とにかく超エラい）にしてあげるよ！　出血大サービス！」。

家康からは、「もし東軍についてくれたら、国二つあげちゃう！　今日は特別、お客様にだけ教えちゃう！」。

よだれが出るやつをぶら下げられてたんです。


でもなぜ、秀秋の獲得に、二人が必死になっていたかというと……。

大将クラスのとんでもない人数……1万5000もの兵を引き連れていたから。

そんなどっちつかずの秀秋ちゃんが、ぬるっと西軍の陣地《じんち》に現れたわけです。敵か味方か、まだよくわかんないやつが……。しかも、すでにいた人を追い出して居すわってしまいました。

西軍のみなさん「大軍を率いたどっちつかずのやつが、何考えてるかわかんねー行動取ってきた。……怖すぎるんですけど」

これらは、関ヶ原の戦い前日の出来事です。
役者は揃《そろ》いました。三成も、決戦の地に向かいます。

徳川家康「治部少を生かしておいては騒乱《そうらん》の元凶《げんきょう》！　太平《たいへい》の世のため、石田三成を討っ!!」

石田三成「豊臣に仇《あだ》なす内府《ないふ》を放ってはおけぬ！　逆賊《ぎゃくぞく》徳川家康を、成敗致《せいばいいた》す!!」

いざ、

家康・三成「関ヶ原へ！！！！」
（最後カッコいいセリフ割りでしたね）

【見出し解説】
※「**私の思慕いをジョークにしないで**」は、Winkの名曲「淋しい熱帯魚」の歌詞。息子の秀忠に親心を無にされてしまった家康の気持ちを考えたとき、この歌が脳裏に流れました。

関ヶ原の戦い6

パルプ・フィクションとレザボア・ドッグスとキル・ビル足して3倍した感じ

いよいよ突入。世紀の大戦、関ヶ原の戦い！

一寸先《いっすんさき》の視界を奪《うば》う霧《きり》が、辺り一面を覆《おお》う関ヶ原の朝。しじまの中で大きく鳴り響く、気配《けはい》という名の騒音。

「戦の前はいつもこうだ……」

福島正則は震えていた。

もちろん恐怖からくるものではない。猛《たけ》る自分を抑《おさ》えるのに必死なのだ。

一秒でも疾《はや》く敵に！　というマインドと、勝つためには急《せ》いてはならないというロジック。二つの衝突《しょうとつ》からなる葛藤《かっとう》は、正則の身体《からだ》にいつも微細な揺れをもたらす。

先陣《せんじん》。

東軍の名だたる武将たちの中で、敵と最初に刀を交えることができる名誉。皆の合《ごう》意《い》のもとに決まったことだが、自分がその役目に最も相応《ふさわ》しい男だという自負もある。「一番槍《いちばんやり》」という武功《ぶこう》を立て、この大戦での最大の功労者は、この福島正則と、子々孫々の世に名を……。

??「お先に失礼しまーーーーす！」

福島正則「えーーー!?」

??「キィーーーーン!!」

正則「抜け駆けー!!」（どんだけー!!　の言い方で）

さて、関ヶ原の戦い、最終回でございます。

東軍の中で、先陣《せんじん》（一番最初に戦うやつ）は**福島正則《ふくしままさのり》**

と決まっていました。それを無視して抜け駆けするのは、軍法違反《ぐんぽう》（ちょールール違反ってこと）。にもかかわらず、ルールを破って、颯爽《さっそう》と駆け抜けていった男の正体は、

井伊直政《いいなおまさ》。

あろうことか、徳川家康の直属の部下でした（幕末にあった、「桜田門外《さくらだもんがい》の変」って知ってる？　それでやられちゃった井伊直弼《なおすけ》のご先祖様《せんぞさま》だよ）。

東軍を束《たば》ねてる家康さんの部下だったら、一番ルールを守らないとダメなのに。直政がこの行動を取った理由は？

家康の本心はこんなふうでした。

「東軍のみんなは豊臣家のこと愛してんだよなー。『秀吉のことは好きだったけど、三成が大キライだから』って理由で、たまたまオレに協力してくれてる人がたーくさん。だからみんなの顔を立てないと……。先陣は正則くんにやらせるか……本人超やりたそうだし……。本当はうちの誰かにやって欲しいんだけどなー……ダメダメ！　ここはガマン、ガマン！」

先陣は武将にとっての、その〝家〟にとっての名誉。

これだけ大きな戦いになればなおさらです。

「関ヶ原の戦いの先陣って？　あ、やっぱり徳川さんとこの人なんだ！　さすがだねー」と、のちの世の人から言われたい家康さん。でも、そうはできないもどかしさ。誰か私を救ってよ。凍えるこの心を大きな腕で抱きしめて。

誰にも言えないその気持ちを汲《く》み取ってくれた（はずです）のが、井伊直政でした。うちの殿（家康）の思いを汲んで、ルールを犯しても、先陣は自分が……。

とにかく徳川が先陣を切ったという事実さえ作れれば、後で自分がどんな処分《しょぶん》を受けようと構わない。

そんな考え（って言われてます）から、直政は抜《ぬ》け駆《が》け行為に走ったのです（じゃないかな？）。

現代でも、上司がいる立場の人や、誰かを補佐《ほさ》する役目を担う人はたくさんいると思います。似たような局面が訪れたとき、あなたは直政のような行動が取れるでしょうか？　……やらない方がいいです。カッコいいけど。絶対怒られます。カッコいいけど。でもやっぱカッコいいなー。ちなみにこの抜け駆けは、「家康が直政にお願いした説」もあります。さらに、福島正則がこのことに関して後で何の抗議もしなかったので、抜け駆けではないという見解《けんかい》も。はたまた、「霧が濃かったので、直政は偶発的に相手と衝突しちゃった説」もあります。

なんにせよ、戦国史上最大の合戦《かっせん》の火蓋《ひぶた》は切られました。

開戦。

東軍《とうぐん》　7万5000～10万（諸説《しょせつ》ありまくり）。

西軍《せいぐん》　8万以上（諸説ありまくり）。

東軍スターティングメンバーは、徳川、福島、黒田、細川、池田《いけだ》、加藤《かとう》、京極《きょうごく》、筒《つつ》井《い》、藤堂《とうどう》、山内《やまうち》、井伊、本多、松平《まつだいら》、エトセトラ。

西軍スターティングメンバーは、石田、宇喜多、小早川、毛利、長宗我部《ちょうそかべ》、小西《こにし》、吉川《きっかわ》、大谷、安国寺《あんこくじ》、島津《しまづ》、脇坂《わきさか》、長束、朽木《くつき》、エトセトラ。

西軍の布陣（部隊の配置だよ）は、東軍のメンバーをぐるりと半円で囲む形。

「鶴翼《かくよく》の陣《じん》」（カッコよくない？　かくよくって読むんだよ。鶴《つる》が翼《つばさ》広げた感じに似てるからだって）。

それに加え、西軍のほとんどが山の上に陣を置いています（やっぱ高いとこから、おりゃー！　って攻撃した方が有利っしょ）。

初期設定、西軍、超有利。

明治の世の中になって、軍事顧問《ぐんじこもん》（戦闘のことをレクチャーする人）として、ドイツのメッケルって人がやってきました。で、日本人が関ヶ原の戦いの布陣《ふじん》の絵を見せたそうです。

日本人「メッケル少佐。こちらの絵を見ていただきたい。昔の日本の大きな戦いなんですが、東軍と西軍に分かれております。この戦い、一体どっちが勝っ……」

メッケル「西軍」

食い気味だったそうです（食い気味は僕の想像です。平たく言えば嘘《うそ》です）。西軍有利は、２６０年以上経《た》った後の、軍事のプロが見ても確かなものだったのです。

「ワァァァァァーーーーー！！！」

響き渡る怒号とともに、福島、黒田、藤堂など、東軍の武将が西軍に襲いかかります。迎え撃つ西軍は、島、宇喜多、大谷などの武将。槍の斬撃《ざんげき》、銃声、弓から放たれ、風を切る矢。何千、何万の足音が織り成す地鳴りのような音と、甲冑《かっちゅう》の軋《きし》む声。咆哮《ほうこう》が聞こえた次の瞬間には、倒れていく人と旗《はた》。馬が駆け、人が暴れ、誇りと運命の大合唱が天にこだまする。

大混戦の中、三成は呟《つぶや》きます。

「我が本隊には島左近がいる。そう易々《やすやす》と……」

パーーーーーーン!!

島左近、撃たれます。

石田三成、驚愕《きょうがく》。「えーーー!?」

黒田隊の鉄砲により、島左近、早々に撃たれます。

三成、衝撃《しょうげき》。「左近ちゃーーーん!!」

頼みにしていた〝核〟が負傷。西軍は三成の動揺とともに、次第に押され始めます。

しかし、西軍にはまだ動いていない部隊がたーくさん。

三成、心機一転《しんきいってん》。「大丈夫！　今からみんなに動いてもらえれば勝てるってばよ！」

しかしここから、三成の嫌われポテンシャルと、家康のお手紙大作戦が、ケミストリーを起こし始めます。

三成、命令。「使いの者、まずは島津義弘《よしひろ》さんにお願いしに行って！」

使いの者、走る。

島津義弘の返事。「え、いやだけど」

使いの者リターン。

三成、落胆《らくたん》。「うっそ………？　なんで……？」

使いの者、義弘がこう言った、ああ言ったと必死に説明。

義弘「前日の夜、東軍に夜襲《やしゅう》(夜に急に襲うってことね)かけようって提案したのに、『ちょっとそれは……』とかヒヨっちゃってさぁ。こっちはよかれと思って言ってやってんのに。それに、使いの者が馬から降りずに『お願いします』って失礼じゃやね？　人にもの頼むときは、まず馬から降りろ！」

三成、使いの者に激怒。「後半、お前のせいじゃねぇーか！」

というわけで、島津動かず。

三成、再び心機一転。「じゃ、毛利さんとこだろう！　毛利さんとこに動いてもらえれば勝利は間違いない！　狼煙《のろし》(煙を上げる連絡手段だよ)が合図になってるから。狼煙上げなさい！」

実は、西軍総大将の毛利輝元、まだ関ヶ原に来ておりません。

毛利輝元「あ、僕、秀頼さんお守りしとくんで。大坂城で待ってます！　頑張ってくだださい」

　三成は今、この現実を見て見ぬふり。悲しいけど前を見なきゃ。だって下を向いたら何かがこぼれ落ちそうだから。

輝元「僕行けませんけど、その代わり、うちの養子《ようし》といとこ、行かせますんで！」

　実際、関ヶ原に来たのは、

毛利秀元《もうりひでもと》（この人、輝元の養子《ようし》。いとこから養子になった人。そんなことあるんだね）

と、

吉川広家《よしかわひろいえ》（この人普通にいとこ）。

秀元は、南宮山《なんぐうさん》という山にスタンバってましたが、三成が上げた狼煙《のろし》を確認します。

「よーし！　出番だー。行くぞー‼　……あれ？　広家くん……？」

ところが、前にいる吉川広家が全然動きません。

毛利秀元「広家くん、合図が出てるよ！　行かないと！」
吉川広家「うん。でもまだちょっと霧があるでしょ。霧が晴れたら行こうかなって」
秀元「でもみんな戦ってるよ!?」
広家「うん。でもみんなはみんな。僕らは僕らじゃん」

実は吉川広家、徳川のみなさんから、「毛利のみなさんを引き止めといてくれたら、戦いが終わった後に、毛利さんが今持ってる土地をそのままにしますよ」と言われてました。

秀元は、西軍として戦って勝つ気マンマン。

だが、広家は「西軍多分負けるよ。だったら先に徳川さんたちと交渉しといた方がいい」と思ってた。

どちらも自分の家の未来を考えていますが、この二人の間にはズレが生じていたわけです。

近くにいた**長宗我部盛親**《ちょうそかべもりちか》（四国の大名だよ）から、

「ねえ、秀元さーん！　狼煙《のろし》上がってるよー！　出発しないのーー!?」

と声がかかります。

毛利秀元「いや……あの……（広家が動かないなんて言えないしな……）えー……今弁当食べてるからムリ」

長宗我部盛親「え……？」

（弁当食べてるからムリの言い訳は、実際に秀元が言った言い《い》訳《わけ》です。のちに「宰相殿《さいしょうどの》の空《から》弁当」と呼ばれました。「宰相」ってのは政治のトップを補佐する感じの人かな）

このせいで、周りにいた

安国寺恵瓊《あんこくじえけい》（毛利家にいた、お坊さん兼武将。三成さんとは、特に今回の戦いについていっぱい話し合った仲）、

長束正家《なつかまさいえ》（五奉行《ごぶぎょう》の一人）

も動けず。長宗我部盛親はというと、「ま、動けないなら動けないでいっか」という感じ。

この長宗我部、もともと、東軍につこうとしてたところ、三成が関所《せきしょ》を封鎖《ふうさ》したため、仕方なく西軍についた感じだったのです。

こうして、2万〜3万という大軍勢を率いた毛利まわりの人たち、動かず。

石田三成「なんだ？　全然来てくれないぞ？　なんだ？　なんだ？　なんでだ？　とにかく来て欲しいんだけど？　え？　なんでだ？」

逢いたい時にあなたはいない。

三成「こうなったら、秀秋のおぼっちゃんだ！　あの大軍が動けば！」
使いの者「さっきから、何度も動いてってお願いしてます」
三成「だよね？　…………動け」
使いの者「え？」
三成「動け、動け、動け！　動け、動け、動け、動け、動け、動け、動け、動け、動いてよ！　今動かなきゃ、今やらなきゃ、みんな死んじゃうんだ！　死んじゃうとか、もうそんなの嫌なんだよ！　だから、動いてよ!!」
使いの者「……シンジ」
三成「ミツナリだよ!!」
(「動け、動け、動け……」のセリフは、アニメ「新世紀エヴァンゲリオン」の中で、

主人公・シンジがエヴァに向かって叫ぶ感動のシーンより拝借しました。押忍《おす》）

小早川秀秋が動かず、ヤキモキしているのは家康も同じ。

徳川家康「動け、動け、動け！　動け、うご……」

家臣「殿、落ち着いてください！」

家康「…………お、おう……」

家臣「いかがいたしましょう？　小早川の軍勢が動きだしたら……」

家康「動け、動け、動け！　うご……」

家臣「殿!!」

家康「…………お、おう……」

家臣「もし西軍にあの軍勢が加わりますと、形勢は一気に不利になります！」

家康「うーん…………鉄砲！」

家臣「……はい？」

家康「鉄砲ぶっ放せ!!　鉄砲であのクソガキに脅しかけて、こっちキレてんぞ！　ってことわからせろ!!」

徳川の鉄砲隊が、小早川秀秋のいる松尾山《まつおやま》に向かって一斉射撃。

ババババババババーーーーン!!

小早川秀秋「家康超キレてんじゃーん！　こわーーーい！　東軍につく！」

(最近の研究では、当時の鉄砲の飛距離では山の頂上《ちょうじょう》に届かないと判明。それに、戦闘の音に紛れてこっちに撃ってきてるなんて気付かないっぽいんだって)

山を下る小早川秀秋。

やはり裏切ったか……そうくると思ったよ。

この行動を予見していた人物が、秀秋を迎《むか》え撃ちます。

大谷吉継《おおたによしつぐ》。

この人物は、藤堂《とうどう》、京極《きょうごく》との激闘の最中、小早川軍1万5000に対して、なんと600の兵で対抗《たいこう》したのです。

ここからが吉継のすごいところ。たった600の兵で、小早川軍を松尾山のふもとにまで押し返したのです。

ところが……。

小早川秀秋に触発《しょくはつ》されたのか、脇坂《わきさか》、小川《おがわ》、赤座《あかざ》、朽木が東軍に寝返ったのです。

この裏切りまでは予想できなかった吉継。

一気に攻め込まれ、「最早《もはや》これまで！」と自刃《じじん》（刀で自らの命を絶つこと）してしまったのです。

このとき、吉継が秀秋に向かって、

「人面獣心《じんめんじゅうしん》！（お前は人の面をかぶった獣《けもの》だ！）3年のうちに呪《のろ》い殺してくれる！」

と言ったとか言わなかったとか。

何が怖いって、小早川秀秋、2年後に亡くなるんです。酒に溺《おぼ》れ、精神的におかしくなり……。

それほど吉継の怨念《おんねん》が強かったということでしょうか。

こののち、大谷吉継が一手に引き受けていた、「藤堂、京極、裏切り者のみなさん」が、西軍で一番頑張ってる宇喜多さんをぶっ叩《たた》きに行きます。

加えて、ここが最後のターニングポイントと踏んだ徳川家康が、温存していた自分の3万の部隊をブッコミ、これまた宇喜多さんに襲いかかります。

宇喜多秀家「いや、さすがにムリよ」

大軍勢の猛攻《もうこう》を凌《しの》ぎきれず、宇喜多隊壊滅《かいめつ》。

そして、粘りに粘った石田三成本隊でしたが、東軍の総攻撃を受け、壊滅。

天下を二分して戦った史上最大の合戦は、たった一日、6時間という短さで幕を閉じたのでした。

さてこの後は！

関ヶ原の戦いのエピローグだよ！


【見出し解説】
※**「パルプ・フィクション」**は1994年、**「レザボア・ドッグス」**は1992年、**「キル・ビル」**は2003年に公開された、いずれもクエンティン・タランティーノ監督の映画。関ヶ原の戦いは、この名作を全部足して3で割ったんじゃなく、3倍したくらいすごかった！　と僕は言いたい。

関ヶ原の戦いエピローグ

面影ばかり追いかけた自分だけど、まるで後悔していない

関ヶ原の戦いで散った名将たちの、その後――

関ヶ原の戦いについて、お伝えしたいことがあと少しあるので、エピローグとして書かせていただきます。

いろいろな要素、原因によって、東軍の完全勝利という結果になった関ヶ原の戦い。

石田隊、宇喜多隊。西軍の中心メンバーは壊滅しましたが、大将である石田三成、宇喜多秀家は、どうにかその場から逃げることができました。

ちょっとだけ時間を戻して……。西軍の負けが決定的となっている関ヶ原の現場。戦いが終わる寸前のお話を。

裏切り者が続出しちゃって、ハンパねー勢いの東軍の攻撃を受け、
「あ、笑けるくらい絶対負けるわ」
と確信した西軍のイツメン（いつものメンバー）たち。それぞれがそれぞれの方向に逃走を始めます。そんな中、戦いの中心地で、いまだ動きを見せない一つの軍が。

島津軍《しまづぐん》。

大将・島津義弘（今の鹿児島辺りの武将だよ）のもと、「西軍のためには動きません」と決め込んだ島津の人たちです。積極的には戦わず、襲いかかってくる敵に対応しているだけの状況でした。

西軍の敗戦が濃厚になると、やはりその場から立ち去ることを考えます。

ただ、場所が最悪。

島津軍がいるのは、関ヶ原の戦いの中で一番の激戦区《げきせんく》。東軍の兵たちが、これでもかとウジャウジャ集まるバイオハザードポイント。逃げようと思ったときには、周りは敵だらけ。

さてどうする……!?

島津義弘が導き出した答えは。

島津義弘「敵中突破！」
家臣たち「はっ！」

密集した東軍の中に突っ込んでいって、この場を脱出するというとんでもないミッションだったのです。

次の瞬間、
パーーーン！

敵のど真ん中に鉄砲をぶっ放して、
ウワァーーー!!

全軍一斉《ぜんぐんいっせい》に、何万の兵の塊《かたまり》の中に飛び込んでいったのです。それは巨大な矢のように。

島津軍1500VS東軍数万。

ミッション：敵の中を突破して自分のお家に帰れ！

島津の兵の強さは、全国の武将が認めるところ。昔からどの地域の侍《さむらい》も、島津には一目置いていました。

その強すぎる男たちが、みるみる敵の中を進んでいきます。そしてついには、徳川家康の横を通り過ぎる。

徳川家康「ん？ 今の島津……島津だよね？ ダメー！ あいつら本当にヤバいんだから！ 井伊さん、本多さん、やっておしまいなさい‼」

井伊直政《いいなおまさ》（超強ぇー）と**本多忠勝**《ほんだただかつ》（超強ぇー）が、島津軍を追いかけます（家康さんの家臣は優秀な人がたくさんいるけど、その中でも徳川四天王って呼ばれたうちの二人だよ）。

追いかけてきた徳川最強軍団に、島津軍が取った作戦は……。

「捨《す》**て奸**《がまり》**」**。

迫ってくる追手に、後ろの何人かが立ち塞《ふさ》がり、息絶《いきた》えるまで戦い続ける。その兵士たちが命尽きたら、また次の兵士がその場に立ち塞《ふさ》がる……。鉄砲を放ち、槍《やり》で突撃する。身分ある家臣は、主人である義弘の陣羽織《じんばおり》（戦いで着る刺繍《ししゅう》などしてある羽織りもの）を着て、身がわりとなる。

「我は島津義弘！　私の首をとって手柄《てがら》にしてみよ！」

死ぬことを覚悟した島津の男たちは、大軍勢を前に、一歩も引かない。

大将・島津義弘を逃がす時間を稼ぐために、捨て身となった家臣たちの気迫は凄《すさ》まじく、井伊直政（どんな人かは前回のお話を）に傷を負わせるほどでした。

そして、島津義弘は国にたどり着きます。

1500人いた兵士がわずか80人になって。

後世に「島津の退き口《のぐち》」（逃げの戦い）と語られる出来事でした。

それからのちに、島津義久《よしひさ》（義弘のお兄ちゃん）や島津忠恒《ただつね》（義弘のお子さん）は、お手紙や使いの者を使って、家康と交渉を始めます。

島津の人「今回の件は非常に残念でしたー。え〜……どうにか、本領安堵《ほんりょうあんど》（持ってる土地を減らさず、そのままにしてもらうことって感じかな）していただけないでしょうか〜？」
徳川家康「ハッハッハッハッハッ。何を言ってるんです。そんなことができるわけない。私は忙しいんだ。帰ってください」
島津の人「え〜、……失礼します」

あくる日。

島津の人「どうも島津の人です」

家康「またあなたですか。もう話すことはないと言ってるんだ。帰ってくれ」

島津の人「伏見城」

家康「伏見城？」

島津の人「あなたの家臣の鳥居元忠さんが戦った伏見城の件。義弘《よしひろ》さんは、鳥居《とりい》さんに加勢するために、鳥居さんのところへおもむいた。だが鳥居さんは、そんな話は聞いていないと、義弘さんがお城へ入るのを断ったんです」

家康「…………」

島津の人「義弘さんはそれで仕方なく、西軍側についたんです」

家康「……何を言ってるんだ、バカバカしい……おい！　島津さんがお帰りだ。お見送りしてやれ」

島津の人「あ～……また来ます」

家康「もう来なくていいですよ」

またあくる日。

「ごめんください」

家康「はーい」

島津の人「どうも」

家康「島津さん……。フッ……だんだんあなたに会うのが楽しくなってきましたよ。
で、今日は一体？」

島津の人「え〜……本領安堵《ほんりょうあんど》の件で」

家康「だと思った。一方的に本領安堵、本領安堵というが、一回でも島津義弘をここに連れて来て、私の前で謝らせたらどうなんだ？」

島津の人「それはできません」

家康「なんだと？」

島津の人「本領安堵を約束してくれたら、ここに義弘を連れて来ます」

家康「……まったく。食えない男だ」

島津の人「私も食べられたくはありません」

家康「そういうのを食えないやつだと言ってるんだ」
島津の人「戦いの最中……」
家康「なんだって？」
島津の人「戦いの最中、義弘は、三成さんの要求を断っているんです」
家康「…………」
島津の人「西軍に力を貸さず、戦いにも参加していない。そして関ヶ原から脱出した。
自分たちの命を守る以外の戦闘は行っていないんです」
家康「……だが……」
島津の人「最終的に！」
家康「？」
島津の人「島津を～……（パッ）潰《つぶ》す気ですか？」
家康「……できることならね（ニヤッ）」
島津の人「（ニコッ）……え～～、今回の事件、非常に難しかったです。家康さんは島津のことを許す気があまりなさそうです。ただ……どうやら糸口はつかんだ気がします。ヒントは、島津を潰しにかかるとどうなるか？ ……以上、島津の人でした」

さらにあくる日。

島津の人「家康さん！」

家康「ん？　……島津さんか……。どうしました、機嫌がよさそうですね。本領安堵してもらえる目処《めど》でも立ったんですか？」

島津の人「はい」

家康「フフフフフ……やっぱりあなたはおもしろい人だ」

島津の人「私はいたって大真面目です」

家康「ほぅ……」

島津の人「家康さん、あなたは間違いなく、今この日本で一番の権力者だ」

家康「フッ……褒めても何も出ませんよ」

島津の人「ただ……まだ全大名をまとめきれていない」

家康「！」

島津の人「そんな不安定な時期に島津を攻めるとどうなります？　大量の兵隊を、遠く離れた薩摩《さつま》（鹿児島県）に送り込めば、隙《すき》をついてあなたのもとへ攻め込んでくる輩《やから》が出てくるかもしれない」
家康「………」
島津の人「よしんば島津に勝ったとしましょう。すると、頑張った武将に土地をあげなければいけない。しかも今島津を狙《ねら》っているのは、黒田や加藤。豊臣秀吉に恩を感じている連中だ。これ以上、親豊臣派の人たちに領土を与えるのは、あなたにとって得策ではないはずだ」
家康「そ、それだけで私が島津を許すわけ……」
島津の人「明《ミン》（昔の中国）との貿易!!」
家康「！」
島津の人「明との貿易は私たちが窓口。その私たちを潰して、みすみす大きな利益を、あなたは手放すと言うんですか!?」
家康「………わかった」
島津の人「なんです？」
家康「……わかった」
島津の人「すいません、聞こえません、あなたの家臣がみんなわかるくらいの大きな声で、もう一度お願いします！」

家康「わかったと言ったんだ!!」
島津の人「それは本領安堵と捉《とら》えてよろしいんですか!?」
家康「……いい」
島津の人「はい……ありがとうございます」
家康「……島津さん。これは全部あなたの主君《しゅくん》、島津義久さんが？」
島津の人「（パッ）そうです」
家康「島津に暗君（ダメなお殿様）なし……か……」

　エンドロール。

（むちゃくちゃ書いてますからね。使いの者がこんな上からのトーンで家康さんに接してるわけありませんし、やり取りは妄想《もうそう》の塊です。ただ、本領安堵の理由はこんなようなことだと言われています）

　約1年半の粘り強い交渉の甲斐《かい》あって、島津家は本領安堵（何回も言うけど、自分の土地をそのままにしてもらうことね）が叶《かな》いました。

　西軍についた大きな大名の中で、本領安堵してもらったのは、唯一、島津家だけです（他は土地減らされたり、代表者がどっか閉じ込められたり、処刑されたり、もうボロボロ)。戦場から奇跡の脱出劇を見せたり、罰を何も食らわない高度な交渉をしたり、とんでもない集団です。

この約260年後、徳川が本領安堵を許した島津家から、徳川幕府を倒すカリスマたちが誕生するのは、なかなか皮肉なものだと思います(西郷隆盛《さいごうたかもり》さんや大久保利通《おおくぼとしみち》さんて聞いたことありますよね。明治の世の中に変えた人たち。島津家の家臣だったんだよ)。

それでは、石田三成や宇喜多秀家はどうなったか?

宇喜多秀家は、戦場から逃げた後、先ほどからずっと登場している、島津家にかくまってもらっていました。

「島津が宇喜多をかくまっている」との噂を聞きつけた徳川さん。

徳川の人たち「宇喜多をこちらへ引き渡せ」

島津の人たち「はい」

宇喜多秀家「えーーー!?」

てな感じで、徳川さんのもとへ。
下された処分は

徳川さん「八丈島《はちじょうじま》へ島流《しまなが》し！」

（時代劇とかで、こんなセリフ、聞いたことありませんか？　八丈島への島流し、記念すべき第1号は、宇喜多秀家だったんです）

人生とはわからないもので、秀家の奥さんは前田家ってとこの娘さん。罪人《ざいにん》という身分ですが、そこからいっぱい仕送りもらって、当時としては異例の84歳まで長生きしたそうです（徳川幕府の将軍が第4代になってた頃）。

そして石田三成。
関ヶ原から逃走した後、自分の領地であった今の滋賀県《しがけん》のある村に、身を隠していました。お寺を頼った後、与次郎《よじろう》という農民に、洞窟の中でかくまってもらっていたのです。

そんな中、徳川側からこんなお触《ふ》れが出されます。
「三成を生け捕りにしたら、その村の年貢《ねんぐ》を、永久に免除《めんじょ》する」

「三成を殺して捕まえた者には、賞金百両を与える」

「逆に三成をかくまった者は、当人、親族、その村全てのものを処刑《しょけい》する」

そのお触れは、与次郎の村にも伝わります。

以前から与次郎のことを怪しんでいた村長は、万が一、三成をかくまったりしているのだったら早く徳川に引き渡せと言います。

三成のもとへ駆ける与次郎。

与次郎「三成様！　早くお逃げください！」
石田三成「どうした？」
事情を説明する与次郎。
三成「……そうか」
与次郎「ですから、早く！」
三成「与次郎……ここにいることを徳川に教えなさい」
与次郎「え……？」
三成「これ以上世話になると、お前や、お前の周りの者にまでお咎《とが》めがある」
与次郎「ですから逃げていただければ！」

三成「もうよい」
与次郎「しかし！」
三成「天命が尽きたのだ。……世話になったな」
与次郎「…………三成様」

三成は、徳川方の武将に捕まります。

その後、今回の首謀者として、石田三成、小西行長《ゆきなが》、安国寺恵瓊は、大坂（昔は坂、だよ）、堺《さかい》を引き回しにされた後、京都の六条河原《ろくじょうがわら》というところに連れて行かれます。

引き回しにされる前、3人の着物がボロボロになっていることを知った家康から、

「石田三成は日本の政務を取り仕切った男だ。また、小西行長も安国寺恵瓊《あんこくじえけい》も身分ある武将だ。戦って負けることは誰にでもあること。それは恥ずかしいことではないが、みすぼらしい姿のままというのは、武士が望んでることではない」

と、3人に着物が贈られます。

小西行長、安国寺恵瓊はそれをありがたく受け取りますが、三成はこう尋ねます。

三成「これは誰からですか？」

徳川家家臣「上様《うえさま》からだ」
三成「上様とは？」
徳川家家臣「徳川家康様だ」
三成「ハハハ。上様とは豊臣秀頼様以外おられない。家康はいつから上様になったのだ」

三成はこう言って、着物を受け取らなかったそうです。

そして、六条河原で斬首《ざんしゅ》（首を切られる）される直前、三成は警護の者に「喉《のど》が渇《かわ》いた」と言って、白湯《さゆ》が欲しいと頼みます。

警護の者は、白湯はないが手元に柿があるからそれで我慢しろと三成に。

しかし三成は「柿は痰《たん》の毒になるから食べない」（簡単に言えば、お腹《なか》に悪いってことだと思います）と言ってそれを断ります。

それを聞いた警護の者は、「これから首を切られる者が、毒を気にして何になる」と笑ったのでした。

しかし三成は、

「大義（人として、家臣として、君主〈殿〉に仕える道）を抱く者は、首をはねられる瞬間まで命を惜しむもの。それは、何とかして望みを叶えたいと思うからだ」

と静かに言い放ったといいます。

こうして、石田三成は、41歳で人生の幕を閉じます。

三成のエピソードはどれも確かなものではないと言われています。ただ、農民にかくまってもらった話、死ぬ間際まで豊臣家への忠誠を忘れなかった逸話《いつわ》。嫌われ者と言われてはいましたが、下の者から慕《した》われて、人のために尽くした部分があった彼だからこそ、後世まで残った話ではないでしょうか。不器用で冷たいところも否定できませんが、自分の道を信じた、国を想う優秀な官僚だったと、個人的には思います。

この後、徳川家康は江戸に幕府を開き、その世の中は265年続くことになります。

関ヶ原の戦いはこんな感じで。細かい話を書きたくなることもあるかもですが、それはまた別の機会に。

【見出し解説】
※秀吉のことを想い続けて、豊臣に尽くした三成。過剰になっていた部分もあったかもですが、自分がやったことに、悔いは一つもなかった。そんな感情だったかな？　そうだったらいいなぁと思ってつけました。

第二章

真田三代

真田三代1

華麗なる一族が放つ若草物語

味方だけでなく、敵からも絶賛された真田一族って何者よ!?

「真田日本一の兵《つわもの》
いにしへよりの物語にもこれなき由《よし》」
(真田は日本一の武将だ。古くから伝わる物語にもこれだけのやつはいない)

第二章は、真田一族(俗に「真田三代」と言われたりしますね)についてです。

戦国時代の中でも、こんなに知略《ちりやく》(知恵をはたらかせて計画することって感じ)に優れて、こんなに勇気ある一族はいないんじゃやな

いかってくらい、優秀な人たちです。

その才能は、豊臣、徳川、武田、上杉という、戦国時代のスーパースターたちにも認められ、そして恐れられました。

冒頭に書いた「真田日本一の兵……」というのは、**真田《さなだ》信繁《のぶしげ》**（幸村《ゆきむら》って名前で知ってる人もいるかもですね。NHK大河ドラマ「真田丸」の主人公役・堺雅人《さかいまさと》さんはやっぱりスゴい）のことを語った言葉です。信繁が最期の戦いで見せた勇姿《ゆうし》を、当時の人がこう言ったのだそうです。

そのときの見事すぎる戦いっぷりに、味方だけでなく、敵からも絶賛された武将でした。

「真田日本一の兵」というのは、彼へ向けられた賞賛の声の中の一つです。

このたった一回の戦いがあまりにも鮮烈で、現代にまで語り継がれることになった真田信繁という男。興味をそそられませんか？

真田の血がどう紡《つむ》がれていったのか、そのルーツをたどってみましょう（カッコつけてルーツをたどるとか言いましたが、そんなに詳しく書かないんで、ルーツたどれないと思います）。

まず、真田さんとこの、ざっくりしたプロフィールはこんな感じ。

「真田三代《さなださんだい》」というのは、一般的には、真田幸綱《ゆきつな》（おじいちゃん）↓真田昌幸《まさゆき》（お父さん）↓真田信繁（息子）、のことを言います。

ちなみに真田家が使用した家紋《かもん》、旗印《はたじるし》（旗に描く目印だよ）は、**「六文銭《ろくもんせん》」**でした。

○○○
○○○

当時の小銭《こぜに》を6つ並べた感じ。シンプルに描くと右のような絵になるよ。

死んだ後に渡る、三途《さんず》の川って聞いたことあります？　六文は、そこを渡るのに必要なお金の額です。これを掲げるってことは、「戦うとき、死ぬことさえ恐れない」っていう意気込みがあるってこと、とか言われてます。カッコいいー。

さて、真田家は

「国衆《くにしゅう》」

という立場でした。国人《こくじん》とか、国人領主《りょうしゅ》とか、豪族《ごうぞく》とか、いろんな呼び方がありま
す。

ちなみに「大名《だいみょう》」っていうのは、自分の力だけで、その地域の政治や経営をしてる人のことです。

ホントに独立してるから、その地域のことを「国」って呼んでる感じかな。甲斐国《かいのくに》とか、尾張国《おわりのくに》とか言いますよね。

国衆っていうのは、「さすがにちょっと独立はキツイかなー……」っていうくらいのレベルの村の代表者で、大名に対して「守ってよ！　私を守ってよ！」って感じの人たち。大名の下についているけど、その村の経営は独自でやらせてもらいます、みたいな。

大名が「戦うぞー。兵を出せー」ってなったら、「わっかりました！」って国衆は従います。

規模で言うと、

大名→県知事

国衆↓市長、町長、村長
形で言うと、
大名↓学校一のお金持ちお嬢様
国衆↓それに従うプチ金持ちお嬢様
てなぐあい。全部が当てはまるわけじゃないけどね。

戦国時代は、力ある者がどんどん上に昇りつめる世の中でした（まさにこの世は世紀末）。「国衆」の中にも、だんだん力持っちゃって「大名」になるパターンもいっぱいありました（徳川家康さんや毛利元就《もとなり》さんがそうです）。

真田という姓を名乗りだしたのは、信繁のおじいちゃん、**真田《さなだ》幸綱《ゆきつな》**（**幸隆《ゆきたか》**って名前で知ってる人もいるかな）の頃でした。

海野《うんの》という武将が、真田《さなだ》郷《ごう》（長野県の村）をゲットして、
「オレ！　今日から真田！　この村の名前とって真田！　真田幸綱！」
って宣言したところからが、真田さんのスタートらしいです（この辺の名前の流れ、ひじょーにややこしいんで、はしょりまーす）。

幸綱さん、真田と名乗ったこの頃、海野棟綱《うんのむねつな》って人の下についていました。海野さんは、幸綱さんのお父さんとも、おじいちゃんとも言われてる人です（史料少なすぎてよくわからないんだって）。血縁があったかどうかは切り離して考えて、とにかく上司と部下の関係だったと言っていいでしょう。

じゃ、国衆の幸綱さんが従うから、海野さんは大名？　いいえ、そうではないんです。海野さんも国衆の一人でした（ふつうの女子高生が、自分よりちょっとだけお金持ってる女子高生に従ってて、できれば、どこかのお金持ちの令嬢に出会いたい状態。なんだこれ。変なの！）。

そんな、国衆たちが肩を寄せ合って（たかどうかは知りませんが）、仲良く平和に暮らしている（わけないですが）村に、悪の大魔王がやってきます。

しかもセオリー無視して、３つ同時に。

まず武田信虎《のぶとら》（武田信玄《しんげん》のパパ。大名）、

さらに村上義清《むらかみよしきよ》（超強ぇー国衆）、

でもって諏訪頼重《すわよりしげ》（超強ぇー）、

その連合軍。

真田幸綱たち「僕たちの村は……僕たちの村は、自分たちの手で守ってみせる！　魔王の好きにはさせない！　来てみろ！　お前たちのような卑劣なやつに、僕たちは決して負けない！」

負けます。
そりゃやっぱり負けます。大名クラスが3ついっぺんに攻めてきたんですから。
そして、真田幸綱と、海野棟綱（父ちゃんかじいちゃん）と、矢沢頼綱《よりつな》（幸綱の弟）は、別々の道をたどります。

真田幸綱「僕たちは生き残るために、別々の主を見つけよう。でもいつか、また必ずこの地に集おう！（多分、こんなことは言ってません）10年後の8月にまた出会えるのを信じて（さらに絶対言ってません）」

ここで、3人はバラバラに。
このとき幸綱は、長野《ながの》業正《なりまさ》という武将を頼ります。

自分たちの土地を追い出されて、しばらく経ったある日のこと。

知らせを持ってきた人「幸綱さん、大変です！」

幸綱「どうした、知らせを持ってきた人」

知らせを持ってきた人「武田信虎が、息子の武田信玄（このときは晴信《はるのぶ》って名前ですけど、めんどくせーから信玄って書きますね）に、甲斐国《かいのくに》（今の山梨県）を追い出されました！」

幸綱「何!?　それは本当か、知らせを持ってきた人」

知らせを持ってきた人「はい！　ですから甲斐国は武田信玄が大名ということに！」

幸綱「これはとんでもない知らせだ……。知らせを持ってきた人、知らせを持ってきてくれてありがとう！」

甲斐国でクーデターが起きたのでした。息子が父親を追い出すという……（今川《いまがわ》という大名のところに自分の娘を嫁《とつ》がせている信虎は、娘の様子を見に行ったまま、そこで身柄《みがら》を拘束《こうそく》されたんです。これは全部、信玄が仕組んだことでした。戦争ばかりして、領民《りょうみん》〈自分とこの民〉のことを考えない親父に対して「こいつダメだ」って考えた信玄の結論だったんだね)。

幸綱「信虎は敵だったけど、信玄になったってことは、武田はもう敵じゃないよな……」

この後、幸綱は武田信玄に仕えることになります(信玄の部下になるタイミングが、文献によってバラバラ。理由もバラバラ。誰かに推薦《すいせん》されてとか、自分から進んでとか、信玄から声をかけてとか。もうバラバラ。とにかく仕える)。

幸綱は、信玄のもとで、いっぱい働きます。

その中でもデカい働きは、対・村上義清《むらかみよしきよ》戦のときでした(武田と村上は、信虎のときは連合軍だったけど、信玄の代になったらケンカしてるんだよね)。

知ってる人も多いと思いますが、

武田信玄《たけだしんげん》

は、戦国大名の中でも最強とされた武将です。

本人も超優秀なら、家臣も超優秀集団。

のちに、あの織田信長が「こいつとは、できることならケンカしたくねーな……」

って感じで、信玄に貢物《みつぎもの》を送ってるくらいです（その後、信玄の娘と、信長の息子が婚約するくらい仲良くなってるんだよ。ま、仲良いのは、ある時期までですが……）。

その信玄が、村上義清に負けてるんですよ。

しかも2回も。

しかもボッコボッコに（2回の戦いで、重要な家臣や、とんでもない数の兵士を失ってます）。

2回目の戦いは砥石城《といしじょう》ってとこで負けてるので

「砥石崩《といしくず》れ」

っていう名前がついてます。

その砥石城を、真田幸綱は、たった一日で攻略してしまうんです。

そのやり方は……よくわかってません。

文献にも、「砥石の城真田乗っとり」としか書いてません（一番知りたいとこなのに！　なんでよ！）。ただ、おそらく少人数で、謀略《ぼうりゃく》（人をおとしいれる計画）によって。

謎が多すぎるけど、スゴすぎる幸綱。

村上義清が支配していた土地の一部が、幸綱に与えられます。ここで幸綱は、晴れて真田郷を取り戻すのです。

幸綱「しゃーーーー!!」

村上義清は、幸綱に敗れたことをキッカケに、どんどん力を失っていきます。

で、ある人物を頼ります。

長尾《ながお》景虎《かげとら》。

のちの

上杉《うえすぎ》謙信《けんしん》

です。

武田信玄VS上杉謙信（有名なライバル）は、結構村上義清さんキッカケみたいなところがあります。

その後も、有名な

川中島《かわなかじま》の戦い

とか、様々な戦で活躍を見せる真田幸綱。

武田家の中でも、昔からいた家臣と同等の扱いを受けるようになっていきます。真田一族の礎《いしずえ》を築いたのはおじいちゃん、真田幸綱だったのです。

その意思は、息子、

真田《さなだ》昌幸《まさゆき》

へと受け継がれていきます。

しかし、昌幸が真田家の当主《とうしゅ》（トップ）になるいきさつは、自然の流れではありませんでした。そこには悲しいからくりが……。

ネクスト真田ズヒント「兄弟」。

【見出し解説】

※『**華麗なる一族**』は山崎豊子の小説のタイトル。映画化、ドラマ化もされた超人気作。主役の一族がとても有名で華麗。

※『**若草物語**』はルイーザ・メイ・オルコットの小説。四姉妹がとても仲良しのお話。真田の兄弟もとても仲良し。

真田三代2

与えられた才能に、武田の魂が注がれて出来上がり

〝くわせもんぶり〟が魅力の昌幸。マジで、どんだけ〝くわせもん〟？

それでは、真田三代パート2です。

続いては、真田《さなだ》幸綱《ゆきつな》の息子、

真田《さなだ》昌幸《まさゆき》にスポットを当てて、お話を進めていきたいと思います。

数多くの武将に、

「真田って、とんでもねーやつだな」

とその名を知らしめたのは、昌幸の力によるところが大きいと思います。

「表裏比興《ひょうりひきょう》の者」（裏表があって、くわせも

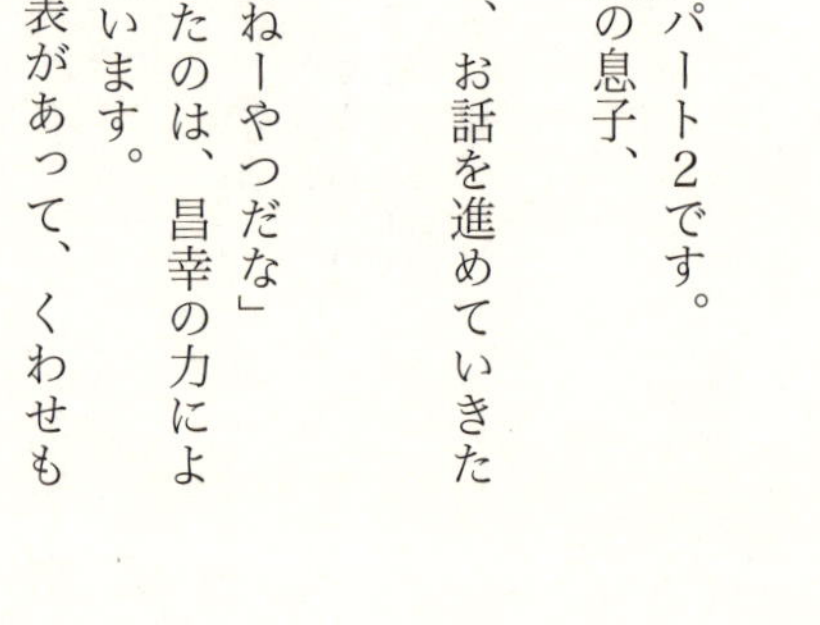

んだわ〜、悪くて賢いわ〜って感じの言葉。武将にとっては褒《ほ》め言葉だね）と呼ばれた昌幸。自身の頭脳を使って、大きな大名たちと対等に、時にはそれ以上に渡り合っていきます。

話は、まだ幸綱が真田家の当主（トップ）だった頃のこと。

真田幸綱（おじいちゃん）は武田信玄に仕えるようになり、人質として昌幸を信玄に預けます（戦国の世では、あなたを裏切らないですよって意味で、よく人質を出したんだよ）。

これまで全然触れてませんでしたが、真田昌幸は、幸綱の三男にあたります（一番上が信綱《のぶつな》って人、次男が昌輝《まさてる》って人）。

信玄のもとに、昌幸は向かいます。

真田昌幸「真田で三男やらせてもらってます、真田昌幸です。座右《ざゆう》の銘《めい》は、『主君（殿）は遠くから裏切れ』です！　今日からよろしくお願いします！」

武田信玄「はい。座右の銘は聞かなかったことにしよう。よろしくー」

しばらく時が経ち、

信玄「昌幸くん……、親父（幸綱）と同等、いや、それ以上の才能あるかもね……」

早くから、その才能を信玄に見出《みいだ》された昌幸は、近習（きんじゅ。もしくは、きんじゅう。殿のそばで仕える人だよ）として取り立てられます。

昌幸は、戦国最強と言われた武田信玄のそばで、政治、戦術など、エリート教育を受けることになるのです。

のちに、信玄は昌幸のことを、こんなふうにまで言うようになりました。

「我が両目の如《ごと》くなり」（あいつオレが見てないことでも、多分オレが実際それ見たら、同じような分析するだろうなってくらい、正確に伝えてくれるじゃん。考え方も一緒じゃん。スゲーじゃん。てことかな。これを言われた近習《きんじゅ》が、もう二人くらいいたとか。ちなみに、これ、昌幸にじゃなくて、次男の昌輝に言ったって説も。よくわかんない）

あるとき、信玄は昌幸に言います。

信玄「昌幸ちゃん、武田家の親類の家でね、武藤《むとう》家ってあるでしょ？」
昌幸「あります！」
信玄「あそこの家をね、昌幸ちゃんに継いで欲しいの」
昌幸「え!?　いいんですか？」
信玄「いいんだよ。信玄ちゃんは昌幸ちゃんに継いで欲しいんだから」
昌幸「ありがたき幸せです！」
信玄「うん、うん。これからも武田家のために頑張ってね」
昌幸「はい！　ありがとう信玄！」
信玄「うん、昌……あれ？　今、呼び捨てした？」
昌幸「ううん！　してない！」
信玄「そうか。これからも頑張っ……なんでタメ口なの？」
昌幸「うるせー！」
信玄「うん、いい子だ」

　こうして、途中から家来になった武将の息子が、武田の親類の家を継いだのです。
これは異例中の異例のことでした。それだけ信玄が昌幸の未来にかけていた、ということだと思います。

ここから、昌幸は

武藤喜兵衛《むとうきへえ》

と名乗ります。

さて、1573年、目をかけてくれた信玄が病死。翌年には、父・幸綱も死去。それぞれの代が替わります。

武田家のトップは武田勝頼《かつより》に。

真田家のトップは、兄・真田信綱に（実際には、幸綱さんが死ぬ何年か前に、信綱さんが家督を継いでいたよ）。

そして、信玄の死から2年後、武田家にとっての悪夢、

長篠《ながしの》の戦い

がやってきたのです。

武田勝頼VS織田・徳川連合軍です。

はしょります。

武田負けます。

しかもバッチバチに負けます。

みなさんも教科書で見たことあるかもしれないこの戦い、いろんな説ありまくりです。向かってくる武田の騎馬隊《きばたい》に鉄砲の三段撃ちやっただの、やらなかっただの。とにかく一つ言えることは、織田・徳川連合軍の方が、武田よりいっぱい兵を連れて来てて、鉄砲もいっぱい使ったってこと。

ちなみに近世のこの時点では、ヨーロッパのどこの国より、世界で一番、日本が鉄砲を持っていたらしいんです。技術大国日本。佃《つくだ》製作所。

武田家自体の壊滅《かいめつ》は免れましたが、勝頼は、何より大事なものを失いました。

それは、家臣。この戦いによって、信玄の代から武田家を支えてきた優秀な家臣たちを、たくさん失ったのです。

その中には、真田の長兄と、次兄もいました。長兄・真田信綱、次兄・真田昌輝も、長篠の戦いによって命を落としたのです。

そして、真田家を継ぐはずがなかった、三男のもとに家督《かとく》が。

武藤喜兵衛、

改め
真田家当主《さなだけとうしゅ》**・真田昌幸**《さなだまさゆき》
と名乗るようになりました。

真田昌幸「恥ずかしながら帰って参りました！（恥ずかしながらとかは言ってません）」

信玄が死に、父が死に、二人の兄まで失った。でも、いつまでもくよくよしてちゃしょうがない。

流れる涙胸に抱き
笑えばいつかは明日が来る
天から見ててよ信玄さん
今日を生きるよ、ねぇ父さん
二人の兄の無念花
優しく散ります真田の土地に（よ！　真田屋！）

昌幸は、力の衰えた武田家のためにバババババババッと働きます。現在の群馬県の方にあるお城（沼田城や名胡桃城《なぐるみじょう》）を、次々と落としていきました。

この土地。後になって大騒動を引き起こす原因となる場所です。

そして、武田家にとっての悪夢再来です。

甲斐《かい》（山梨県だお）、信濃《しなの》（長野県だお）に、とてつもなく黒い影が攻めてきたのです。

戦国最強銀河系集団・第六天魔王織田信長軍（漢字多くなっちゃった。第六天魔王ってのは織田信長のニックネームだよ。ニックネームいかつすぎるね）。

織田軍は、第六天魔王の息子織田信忠《のぶただ》を総大将に据《す》え、ものすごいスピードで武田方のお城を落としていきます。

彼らが足を踏み入れた地は、

雷雲《らいうん》が訪れ

突風が吹き

草木は枯れ

生きとし生けるものが塵《ちり》となって消えました。

本当は、

雷雲は訪れてません
突風も吹いてません
草木も元気で
生きとし生けるものは生きてます。
とはいえ、人間には多大なる被害があったでしょう。
織田軍を恐れるあまり、武田の家臣の中でも、次々と寝返る（裏切っちゃうってこと）人が出てきます。もはや武田には、織田に対抗するだけの兵力はありませんでした。

真田昌幸は武田勝頼に言います。

真田昌幸「殿。態勢を立て直すために、いったん我が城へ来てください」
武田勝頼「そうしよう……」

その後、違う家臣がこっそりやってきて、こう言います。

裏切りそうなフラグが立ったやつ「殿、真田はまだ新参者《しんざんもの》。信用してはなりません。古くから仕えた私の城へ来てください」

勝頼「……わかった。《裏切りそうなフラグが立ったやつ》の城へ行くとしよう」

で、裏切られます。

フラグおじさんは、すでに織田と内通《ないつう》（敵と話をつけちゃってる）していて、勝頼を自分の城に入れませんでした。

少ない兵士とともに、行き場を失った勝頼は、ご先祖様《せんぞさま》が散ったと言われる、天目《てんもく》山《ざん》という場所を目指します。

しかし、その手前で織田軍に見つかります。少ない兵で、敵が驚くほどの抵抗を見せましたが、多勢《たぜい》に無勢《ぶぜい》。なす術《すべ》はなく、ついには自害（自ら命を絶つこと）してしまったのです。

そこは、勝頼が死に場所と決めた天目山に、あと少しでたどり着ける場所だったそうです。

「甲州征伐《こうしゅうせいばつ》」

織田軍が武田を滅ぼしにかかった一連の戦いを

と呼び、
勝頼最期の戦いを
「天目山《てんもくざん》の戦い」
といいます。
ここに、戦国No.1と謳《うた》われた武田家は、滅亡します。
真田は主を失いました。

昌幸「勝頼様……なんとご無念だったことでしょう………(天を仰いで) 信玄公！ 申し訳ございませぬ。勝頼様を……勝頼様をお守りすることができませんでした！ うぅ……く……。よし！ 信長につーこぉっと！」
(絶対こんな感じじゃないけどね)

昌幸は、悩みに悩んだ末、織田信長につくことに決めます。

昌幸「信長様のところで働かせてください」
織田信長「いいよー」

昌幸「ありがとうございます！」
信長「とりあえずね、あんたんとこの領地はほぼほぼ、滝川《たきがわ》ってやつが治めるから」
昌幸「え？　……」
信長「え？　じゃないよ。滝川の下で頑張ってね」
昌幸「領地……これ仕方ないパターンのやつですか？」
信長「そうだね。そのパターンだね」
昌幸「何か文句ある？　って言われる前に言っておきます。文句はありません」
信長「絶対文句あるじゃん」

持っていた土地は他人（滝川）が治めちゃうけど、信長という、これ以上ない大きな力に守られることになった真田家はひと安心……。

してたら、3ヶ月後に、
本能寺《ほんのうじ》の変《へん》。

織田信長が、家臣明智光秀によって殺されてしまいます。

昌幸「うそだーーー!!」

戦国時代一番の大クーデター。

「うそだーーー!!」と思ったのは昌幸だけじゃありません。どれほど多くの武将がひっくり返って、その勢いのまま2回転ほどして立ち上がったでしょう。

織田信長の死によって、この先何が起こるか——?

武田の土地は、信長のものになっていました。それがスーパーアクシデントで信長カットアウト。主のいない甲斐《かい》（山梨県だお）、信濃《しなの》（長野県だお）、上野《こうずけ》（群馬県だお）の誕生です。

そう、土地が空いたのです。

ギロリ。そこに睨《にら》みをきかせる周りの大名。

ドドーーーーン！　東海一の弓取り、**徳川家康《とくがわいえやす》**。

ドドーーーーン！　越後《えちご》の龍《りゅう》の息子（養子）、**上杉景勝《うえすぎかげかつ》**。

ドドーーーーン！　関東の覇者《はしゃ》、**北条氏政《ほうじょううじまさ》・氏直《うじなお》親子**。

3方向からの争奪戦が、今始まろうとしていました。

巨大な力に囲まれた真田は、まだちっぽけで、手のひらの中には何もない状態でした。

昌幸「絶対に生き残ってみせる……真田の家を守り抜いてみせる……まずやるべきことは……」

意を決した小さな国衆《くにしゅう》。
ここから、真田昌幸、人生最大の大立ち回りが始まります。
次回、真田昌幸、軽やかに舞う！　乞《こ》うご期待！

【見出し解説】
※父・幸綱から受け継いだ才能に、信玄のそばで学んだことがプラスされて、昌幸という武将が形成されたと思います。

真田三代3

けんかをやめて。3人をとめて。わかった、私も加わる

信長が本能寺で暗殺された後の大混乱を、昌幸、ひょうひょうと生き抜くの巻

真田三代パート2ダッシュです（昌幸の回は、「パート2」としてお送りしています）。ではちょっとここまでのおさらい。

真田幸綱（おじいちゃん）、武田《たけだ》信玄《しんげん》に仕える。

↓

いろいろあって昌幸（パパ）が跡を継《つ》ぐ。

↓

武田家滅んじゃう。

←

昌幸、織田信長に仕える。

←

織田信長死んじゃう。

←

徳川、上杉、北条攻めてきそう。

←

昌幸「どうしよう」↑今ここ。

さて、織田信長が本能寺の変で殺されてしまい、空き家同然となった旧武田領（現在の山梨とか長野とか群馬だよ）。

そこを巨大な力が狙ってきます。

エントリーNo.１、東海地方　**徳川《とくがわ》家康《いえやす》**

エントリーNo.２、北陸地方　**上杉《うえすぎ》景勝《かげかつ》**

エントリーNo.３、関東地方　**北条《ほうじょう》氏政《うじまさ》・氏直《うじなお》親子**

(順番にエントリーしたわけじゃありません)。

昌幸たち国衆は、

「こういうときこそ一致団結よ! 足並み揃《そろ》えていくよー」

昌幸を筆頭に、生き残り大作戦を決行します。

しかし、本能寺の変で一番ビックリして、一番「ピーンチ!」ってなったのは、甲信越にいた織田家の家臣たち。

「強ぇーやつが攻めてくるから逃げないと」「信長様の弔《とむら》いしなきゃだ」などなど、理由は様々ですが、この地を離れます。

昌幸のマンスリー上司、滝川一益《たきがわかずます》もその一人。

滝川一益《たきがわかずます》「北条が攻めてくるから、ここを離れるね」

真田昌幸「そんな……滝川さん……オレ寂しいっす!」

一益「ありがとう……そう言ってくれて嬉しいよ」

昌幸「なんとかならないんすか?」

一益「ごめんな、なんともならないんだよ……」

昌幸「うぅ……グシュ……たきが、一益《かずます》さんがいなきゃ! オレ今日からどうやって生きていけばいいんすか!?」
一益「昌幸くん……（うるうる……）」
昌幸「オレ！　一益さんのこと絶対忘れませんから！」
一益「私もだよ。昌幸くん……」
昌幸「手紙！　書きますね！」
一益「あぁ……ありがとう。短い間だったけど、世話になったね……」
昌幸「ふぇぐ……ふぐ……ワーーン！」
一益「泣かないでおくれ……これ以上は余計つらくなる。生きていればまた会おう！　じゃ！」
昌幸「滝川さーーん！　……滝……川……さん？　…………行った？」
真田家の人「……ぁ、ちょっと振り返りました」
昌幸（大きく手を振る）
真田家の人（同じく）
昌幸「……もう……ダイジョブだよね……？」
真田家の人「……はい……ほぼ見えないす」
昌幸「なげーー！　別れなげーー!!　名残惜《なごりお》しいがすぎるわ！」

真田家の人「泣かないでおくれ……」
昌幸「ｗｗｗｗやめろ！　マネすんな！」
真田家の人「生きていればまた会おう！」
昌幸「ｗｗｗやめてやめて！　お腹イタぃ！」
真田家の人「ｗｗｗｗｗ」
昌幸「ｗｗｗ……笑ってる場合じゃねーわ。よし！　行くぞ！」

昌幸の動きは迅速《じんそく》でした。
滝川がいなくなった後、自分のお城沼田城をソッコーで取り戻します。

昌幸「オッケー！　ゲットー！」

お城は取り戻しましたが、自分たちの力だけでは、迫りくる3大怪獣《かいじゅう》に絶対勝てません。３つのうち、どこかにつかなければ……。

昌幸の家臣「殿。上杉けっこー近くまで来てるみたいです！」

昌幸「オーライ！　上杉にしよう。義にあついしね！」

昌幸は上杉景勝につくことにします。

昌幸「上杉さんとこと、仲良くさせてください！」
上杉景勝「うん。困ってる人見てると助けたくなるので、助けます」
昌幸「困っててよかったです！」

しばらく経って、

昌幸の家臣「殿、北条がぐいっと来てます！」
昌幸「え？　近い？」
昌幸の家臣「近いどころか、隣に座って左手で右の内もも触ってる感じです！」
昌幸「それヤバいね。よし北条に乗りかえよう！」

上杉景勝のもとに、昌幸が寝返《ねがえ》った（北条さんとこに行っちゃった）という知らせが届きます。

景勝「早くない!? 『仲良くさせて』とか言ってたの2週間前とかじゃない？　あまりに早くてア然だよ！」

北条のとこに行った昌幸、北条氏直《うじなお》（息子）と対面。

真田昌幸「第一印象からアナタに決めてました！」
北条氏直「いや、うそつけよ」
昌幸「でも、北条さんとこに来たからには、北条さんのためにいっぱい働きます！」
氏直「あ、そう……これから上杉と戦うけど、力貸せる？」
昌幸「任せといてくださいよ。あんなやつケッチョンケッチョンにしてやりますよ！」
氏直「……お前調子いいなって、よく言われない？」
昌幸「え!?　なんでわかったんですか!?」
氏直「結構誰でもわかると思うよ」
昌幸「すっげーな！　さすが北条さんだ。オレ北条さんのことマジリスペクト！」

氏直「うん、そういうとこだぞ」

で、北条さんが上杉さんとこに行くのに、昌幸ついて行きます。
お二方は、川中島（あの有名な戦いがあったとこだね）あたりで向かい合います。

北条・上杉「ジー…………………」

しばらく時が経ち、

北条・上杉「やーめた！」

やめました。
お互い、戦わず引き揚《あ》げました。
このとき、北条さんにとっては、「上杉んとこの家臣が裏切ってこっち来るって言ったのに、見つかって上杉に処刑されとるやないか！」って感じのことがあり、一方の上杉さんの方では「北条んとこに寝返ろうとしてたやつとは別に、裏切りそうな家臣がいるんだよなぁ……気になるぅ」って感じのことがあったからってことみたいです。

そして北条さんは、

北条氏直「上杉離れて、甲斐（山梨県）でブイブイいわせてる徳川んとこ行くよー。気合いブリバリで行くからよろしくー」

チーム北条「よろしくー!!」

方向転換。徳川を攻めることにします。

徳川家康「おい、北条のぼっちゃんが来やがったぜー。不運《ハードラック》と踊《ダンス》っちまうのはどっちか、教えてやんねーとな！」

家康の方でした。

ハードラックと踊ったのは。

数で勝る北条にあっちやこっちから攻められまくり。結構ピンチな徳川勢。
そんなとき、昌幸のもとに依田信蕃《よだのぶしげ》という武将がやってきます。

依田信蕃「昌幸っちゃん！」
真田昌幸「おお！　信蕃っちゃん！　久しぶり！」
二人はともに、かつて武田勝頼に仕えた仲。
昌幸「元気してる〜？」
信蕃「元気だよ〜……って言いたいんだけど、それがなかなかねぇ……」
昌幸「どしたどした！　信蕃っちゃんらしくもない！　たとえ元気がなくても、絶好調ですって言ってれば元気が出てくるもんよ？　ホラ言ってみ？　絶好調です！　ホラ？　絶好調です！　絶好調です！　ホラ？　絶好調です！　絶好調です！　絶好調です！　絶好調です！　ぜっ……」
信蕃「昌幸っちゃん！　オレ今ひいてる……」
昌幸「あ……うん」
信蕃「今さ、オレの領地《りょうち》、北条に攻められまくりなのよ。で、オレ徳川さんとこについてんだけど、そっちもピンチでさ……で、……でね！　昌幸っちゃんに頼みがあるんだ！」

昌幸「え？　……ダメダメダメダメダメダメダメ」
信蕃「……やっぱそうだよね……」
昌幸「お金は貸せないよ」
信蕃「え？」
昌幸「苦しいのは全員同じ。そこを何とかみんなやりくりしてんだから。一人だけわがまま言ったらダメだよ」
信蕃「昌幸っちゃん……オレ今ひいてる……」
昌幸「あ……お金じゃな……」
信蕃「徳川の方について欲しいんだ。昌幸っちゃんみたいに強いやつがついてくれたらさ、何とか逆転できると思うんだ。昌幸っちゃんのとこと、オレんとこから、北条が食糧《しょくりょう》運んでる場所をハサミ撃ちにするのよ。そしたらあいつら絶対困るから。だからお願い！」
昌幸「いいよー」
信蕃「昌幸っちゃん……軽いわ。軽いから、わっ！　と喜べなかったよ」

昌幸、今度は徳川につきます。

真田昌幸「ハッハッハッハッハッ！　徳川さん、もう心配いりませんよ。あなたが待ち望んでいた私が来たんですから！　そう、この！（囁《ささや》くように）真田……昌幸が……」

徳川家康「……嬉しいんだけど、素直に喜べないのはなんでだろ」

昌幸「照れんな！　照れんな！　ハッハッハッハッハッ！」

家康「ウイース」

徳川についた昌幸は、北条方の補《ほ》給路《きゅうろ》を断ちます（物資を運ぶ道をダメにするってことだね）。

北条困る。

ご飯食べられないとやっぱり困る。

信濃（長野県）の国衆は、北条にはあんなに兵がいるのに徳川に押され始めるのかと、徳川に寝返ったりし始める。

北条困る。

そして、

北条「あの……徳川くん。話があるん……だ……」
徳川「……なんだよ」
北条「えっと……その……（モジモジ）」
徳川「なんだよ、早く言えよ……」
北条「うん、その……一回その……戦い……」
徳川「やめないかってこと？」
北条「え!?　……うん……そう……そうなんだよ……でも……ダメ……だよね？」
徳川「ダメだ」
北条「やっぱりそうだよね……ダメだよね。ダメに決まってるよね！　ハハハ。私何言ってるんだろ。忘れて！　なんでもない！　……うん。あー今日も天気がいいね～」
徳川「ハッキリ言ってくれないとダメだ」
北条「わかってる！　大丈夫。本当になんでもな……え……？」
徳川「お前の口からハッキリ言ってくれないと、戦いをやめるわけにはいかない」

北条「……徳川くん！　私この戦いやめたい！　徳川くんともう争いたくないの！
　だからお願い！」
徳川「……最初っからそう言えよ。（北条の髪クシャ）わかった……やめよう」
北条「徳川くんっ！」

徳川と北条の同盟（仲良くすること）成立。
上杉は川中島（長野県の上の方）あたり。
徳川は甲斐（山梨県）と川中島を除く信濃（長野県）。
北条は上野（群馬県）。
こんな感じで領地が分けられ、この戦いに一応の決着がつきました。
甲信越を、徳川、上杉、北条で奪い合った、この戦いを、
「天正壬午《てんしょうじんご》の乱《らん》」
といいます。
しかし、戦いの終わりは新たな戦いのスタートなのでした。
家康は昌幸にこんなことを言います。

徳川家康「今回ね、北条さんとこと、土地を分けることになったのよ。それはご存知?」
真田昌幸「あ、ご存知です」
家康「『ご存知です』って言い回しは変だけどね。でね、真田さんとこの沼田城あるでしょ? あそこね、北条さんとこの管轄だから、北条さんに渡して欲しいのよ」
昌幸「はい。ん?」
家康「あ、だからね、北条さんに沼田城渡して」
昌幸「はい。ん? ん?」
家康「私、滑舌《かつぜつ》悪い?」
昌幸「あ、いや聞こえてます。でもなぜだか言葉が入ってきてくれないんですよね」
家康「あ、そう。どうしよう。これ以上説明しようがないしな……」
昌幸「あ、でもだんだん呑み込めてきました」
家康「よかった。じゃ沼田城渡してね」
昌幸「はい。ん? ん? ん?」
家康「戻っちゃった。堂々巡《どうどうめぐ》りだね」

昌幸「ちょっと渡すの、無理かもですね……」
家康「オッケー。ん？」
昌幸「沼田城渡すの無理です」
家康「了解。ん？　ん？」
昌幸「オレ、滑舌悪いすか？」
家康「いや、言葉が……」
昌幸「あ、入ってきてくれないやつだ」
家康「それそれ」
昌幸「僕も経験あるからわかります」
家康「えっと……沼田城は渡せないと？」
昌幸「そうですね」
家康「……今日はこの話やめよっか」
昌幸「あ、僕も今そう思ってました」
家康「だよね。ま、これからもよろしく」
昌幸「うす」

透明な水にポトリと落ちた疑惑色の絵の具。広がりは止まりません。
のちに二人は……。

昌幸「来るなら来いや家康！」
家康「死ぬほど後悔させてやるぞ昌幸！」

といった関係になります。
その模様はまた次回。

【見出し解説】
※「けんかをやめて」は1982年リリース。竹内まりや作詞・作曲、河合奈保子が歌った。「**けんかをやめて**　二人をとめて　私のために争わないで　もうこれ以上」で始まるこの歌は、竹内まりやさんバージョンで知ってます。82年には僕まだ2ちゃいなので、河合さんバージョンは知りません。それはともかく、徳川、上杉、北条のケンカをとめるのはたいへんだっただろうなあ。

真田三代4

ホーム・アローンエピソードゼロ。同時上映、実写版さるかに合戦

3倍の兵を持つ家康相手に、真田はどうやって勝ったのか!?

それでは、真田三代パート2ターボです。
まずはおさらいです。

武田家滅びる。　←
織田信長死ぬ。　←
みんな甲信越狙う。　←

徳川と北条仲良くなる。

↓

徳川が真田に「沼田城を北条に渡せ」。

さて、北条さんと手を結んだ徳川さん。両者は土地を分割することになったわけですが、北条さんが受け持つ場所に、真田の沼田城がありました。

徳川家康「北条に沼田城渡せ」

真田昌幸「え、ヤダ」

ビミョーな空気が流れましたが、一応そのままの関係が続きます。

昌幸「家康さん、上杉を警戒するためにも、城あった方がいいすよね？」

家康「あ、確かにね」

徳川さんと北条さんは同盟を結びましたが、一方で徳川さんと上杉さんは、まだ緊張状態にありました。ということはつまり、徳川としては、守るためにも、攻めるためにも、上杉さんとこの近くに、自分のお城があった方がいいわけです。

昌幸「お金とかいろいろ出してくれたら、オレ、城造っときますよ。で、オレが住んで、上杉睨《にら》んどきます」

家康「いいね。お願いするよ」

完成したお城は、上田城（最初は名前違ったらしいけどね）と名付けられ、真田が入城しました。

家康「ところでさぁ……沼田城のことなんだけどさぁ……」

昌幸「え？　なんすか？」

家康「いや……沼田城……」

昌幸「ああ、あれね。あ、ヤベっ。こんな時間だ。もう行かないと。また今度」

家康「あれだよ！」

昌幸「ん？」

家康「いや……また……お話ししたいなって……」
昌幸「…………おう」
家康「……んぐぐ……」

実はこのとき、家康さんは、愛知県の方で羽柴《はしば》（豊臣）秀吉さんとケンカしてました（「小牧長久手の戦い」ってやつだよ）。となると、北の方の上杉を誰かに見張って欲しい。
やはり適任は、上田城にいる真田昌幸。
だから沼田問題に関して、今は強く言えない。

家康「我慢だ家康。今は我慢だ。自分の座右の銘を思い出せ。『人の一生は重荷《おもに》を負うて……』あ、これ長いやつだ、思い出すのやめよ。とにかく我慢だ」

やがて。秀吉とのケンカが終わります。
すると北条から家康に、連絡が来ます。

北条氏政「ちょっと！　徳川さん、沼田の方どうなってんの！　あの真田ってやつ、全然どかないじゃないの！」

徳川家康「えぇ……本人には再三言ってるんですが……」

氏政「言ってるんですがじゃないよ！　結果動いてないなら、意味ないじゃない！」

家康「はぁ……」

氏政「はぁ……じゃないよ！　期限はとっくに過ぎてるんですからね！」

家康「わかってます……」

氏政「わかってますじゃないよ！　とにかく早く出て行ってもらってね！」

家康「はい……本人によく言って聞かせます」

徳川さんに、北条さんからクレームが入りました。

徳川さんも羽柴さんとの戦いが終わった今なら、ちゃんと真田さんに言える。

徳川家康「昌幸くん、沼田城だけどね……」

真田昌幸「またその話ですか」

家康「その話ですかじゃないんだよ。あそこはね、北条さんのものなんだ。君みたいなのにいつまでもいられると迷惑なんだよ！　早く立ち退《の》いてくれよ！」

昌幸「あのねぇ！」
家康「！」
昌幸「あそこは！　私が自力で獲得《かくとく》した場所なんですよ！　それを早く出てけってまったく意味がわからない！　代わりに違う場所をくれるっていうならまだしも、その案も出してこない！　ちょっとはこっちが納得するような提案一回でもしてみろこのポンコツたぬき！」
家康「な…………な……なんなんだ君は！」
昌幸「本当のことを言っただけだろテメーの頭でちゃんと考えろよ呑み込めないなら何度でも言ってやるよあの城は真田の力で手に入れたんだお前の力権威権力その他もろもろ何かこちらのメリットになるようなものなど毛の先ほどももらってないし借りてないそこんとこをよく理解しろって言ってんだこの東海デブ！」
家康「……お…………お前ーーーーー!!」
昌幸「何でテメーに怒る権利があるんだ大体北条との戦いでピンチだったおもしろ狸《たぬき》を助けて救ってやったのは誰だおサルさんと東海狸《たぬき》合戦ぽんぽこやってるときに上杉けん制してやってたのは誰だ感謝の言葉をまず述べるのが先なのにオ

レに向かって城から出てけ寄越《よこ》せとはどのポジションでどんなメンタルでどのマウスから発せられた見当違いワードかわかって言ってんのか相手の気持ちになってこうやったら納得してくれるんじゃないかっていうのを脳ミソ一回でもちょいひねりしてからこの場に来いそれができないなら今すぐ立ち去ってその辺のキツネと化かし合いでもやっとけこのポータブルまめダヌキ!!」

家康「………コラーーーー!!」

昌幸「オレは何があってもあの城を渡すつもりはない！」

家康「なんだと……どうなっても知らんぞ！」

昌幸「逆にどうなるか楽しみだよ！」

家康「覚えておけ！」

昌幸は、違う後《うし》ろ盾《だて》を求めに、まさかのもう一回、上杉景勝のもとへ行きました。

上杉景勝「うそだ～」

真田昌幸「いや、マジっす」

景勝「一回裏切っといて、また戻ってくるって、神経図太《ずぶと》いか、よっぽどピンチかどっちなのよ？」

昌幸「どちらでもありません」

景勝「というと……？」

昌幸「……え？」

景勝「あ、特に別の答えはないんだ？　神経図太いわこいつ」

昌幸「もう一回、一からお互いの関係見直しましょう」

景勝「なんで対等な立場でしゃべってくんのよ」

昌幸「きちんと人質も差し出します。おい、信繁（幸村）」

真田信繁「はい！」

昌幸「今日からこのお家でお世話になるんだから、ちゃんとご挨拶《あいさつ》なさい」

景勝「いや、オッケーなんて一つも言ってないのよ」

信繁「真田信繁といいます！　慣れない土地で不安もあると思いますが、ここを自分の家だと思って、気をつかわず、ゆっくりうちとけていきたいと思います！」

景勝「……それどっちかと言うとこちら側のセリフよ？　で、まだ認めてないって」

昌幸「よかったですね。息子もどうやら人質になる決心がついたようです」

景勝「オレが頼んでるみたいにしないで。あんたたちホント親子だね～」

昌幸「親子だってこと、疑ってたんですか？」
景勝「そういう意味で言ったんじゃないんだ。なんか会話ムズいな〜。もういいよ。
　あんた多分、何言っても折れないだろうから協力するよ」
昌幸「ラッキー」
景勝「ラッキーってなんだ」

　こうして（こうしてじゃないでしょうが）、昌幸は再び上杉の力を得ることができました。

　真田が徳川から上杉に寝返った知らせは、家康の耳にも届きます。

「真田のバカタレが上杉についただと!?　てことは、上田城は……」

　家康が、もともと上杉に対抗するために築いた最前線基地、上田城。それが、上杉が徳川を攻撃するためのお城へと、その様子をぐるりと180度変えたのです。

家康「あの城は全部こっち持ちで造った、徳川の城だ！　それをあのクソガキ……。

　沼田城は渡さない、上杉に寝返る、上田城も持って行く、オレのことをポンコツたぬきってののしる……」

家康の家臣「殿。ご出陣《しゅつじん》でしょうか？」
家康「当たり前だーーーーー!!」

徳川軍、上田城へ向けて出陣。
真田軍2000VS徳川軍7000（もうちょい多いかも説も）。
昌幸は、3倍以上の敵を相手に戦うことになります。
しかし、この戦いこそ、真田昌幸の智謀知略《ちぼうちりゃく》（あったまいいやり方、戦い方、計画）を、徳川に、いや、全国の大名に知らしめるものとなるのです。

上田城からちょっと離れたところ、神川《かんがわ》（っていう川です）を渡ってきた徳川軍は、上田城を目指します。それを渡ったところで真田軍が待ち受けていました（200くらいって言われてるよ）。

真田軍「わーーーーーーー!!」
徳川軍「でいりゃ！」
真田軍「強っ！　ムリーーー！」

立ち向かったもののあっけなくやられ逃走する、真田のか弱い軍団。

徳川軍「まず弱いし、数少ないし、ダメダメよこいつらｗｗ。三河武士（三河は家康が生まれた地方だよ。愛知県だよ）なめんなよ！　逃がすわけねーだろ!!」

そのまま上田城内へ逃げ込む、激ヨワ真田軍。

その真田軍を、中まで追いかけてくるスーパー徳川軍。

三の丸（区画とかエリアみたいに考えて。三、二、本丸ってのがベタな感じですかね。本丸は中心ね）を越えて、二の丸あたりまで来たところで、もしかしたら徳川軍の何人かは気付いたかもしれません。

「人いなくね？」

そう、罠《わな》です。

昌幸はこの戦いが始まる前、城下町《じようかまち》の人たち（武将じゃない町の人だね）を全員、城の中へ避難させていました。

もしかしたら徳川軍の何人かは気付いたかもしれません。

「オレら、ちょっと中に入りすぎたんじゃね？」

正解。

徳川軍の頭上から鈍《にぶ》い音が。

ゴロン！　ゴロン！　ゴロン！　ゴロゴロゴロゴロゴロゴロゴロゴロー！

ドゴン！　ゴドン！　ゴダゴドン！　ゴン！　ゴダン！

事前に設置してあった、どデカい丸太たちが、徳川軍の頭に落下してきます。

「グギャー」

丸太にやられて、ビックリ&ヘロヘロな徳川軍。

パニック状態が出来上がったそこへ……、

バ！

ザ！

ザザザ！

隠れていた真田の兵士たちが、鉄砲、弓矢を構えて現れます。

徳川軍「え？」

ババババババババーーーーーーーーーーン！
ヒュヒュヒュヒュヒュヒューーーーーーーーーン！
お次は頭上から、鉄砲と矢の雨が降り注ぐ。

徳川軍「グワッ！」「ヌワッ！」「ヘギャッ！」「フニャッ！」

バタバタと倒れていく徳川軍。
何が起こったかまだちょっとわからない。でも、ヤバすぎるってことだけはわかる。
てなところへ
「かかれーーーーーーー！」「オォーーーーーーーー！」
潜んでいた全真田軍、総攻撃。
立て直すスキを与えてもらえず、ただただやられていく徳川軍。

徳川軍の大将クラス「退《ひ》け！　退けー！」

たまらず退散命令。

しかし、いったん退こうとしたところへ、大軍ならではの落とし穴。前方の様子を知らない後方の兵たちがどんどん押し寄せて、人為的パニック。

後ろの人「行け行け行け行け行け行けーー!!」

前の人「戻れ戻れ戻れ戻れ戻れ戻れーー!!」

全然戻れません。

そうこうしているうちに、何人もの兵が、続々と倒れていく。

やっとの思いで退散行動がまとまった徳川軍。

ただ、行きはよいよい帰りは怖い。もちろん、帰りにも仕掛けが。

「千《ち》鳥《どり》掛《が》け」

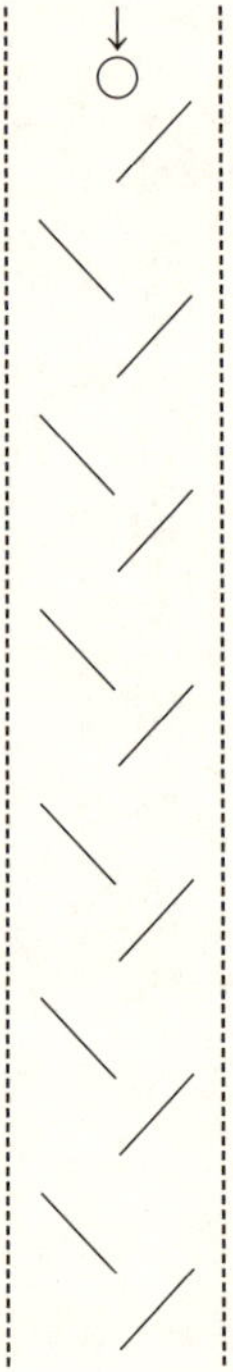

こんな感じの柵《さく》のこと。

行くときは何も気にならず進めた柵ですが、帰りになると……。

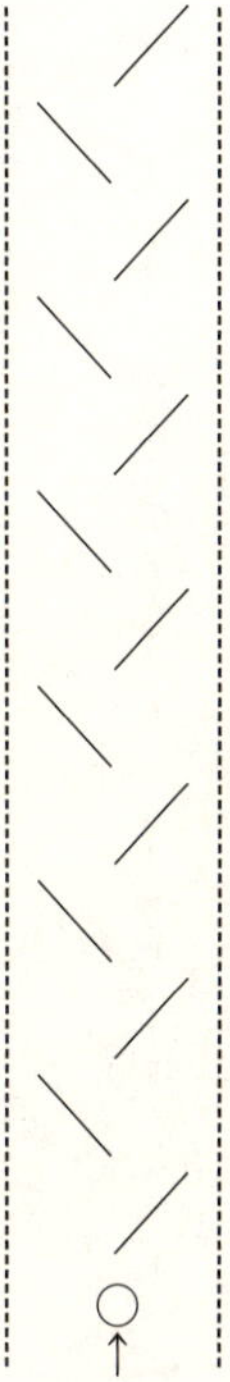

とんっ……でもなく進みづらい。

徳川軍はここでも大量の兵が詰めかけ、つっかえるつっかえる。

徳川のみなさん「なんだこれ！　なんて進みづらいんだ！」

徳川のみなさん「落ち着け！　焦ったら余計つっかえる！」

ここで、領民（町の人たち）を城へ避難させた本当の意味が明らかになります。

城下町に火をつけたのです。

火かよ！　と思った徳川のみなさん「あちぃー!!」

　強火で徳川軍を炒《いた》めちゃう。

なぜこんな目に？　の徳川のみなさん「もういや！　もう無理！　ホント無理！」

　命からがら上田城を抜け出した徳川軍。の目の前に悪夢が。

　近くのお城、砥石城（ちょっと前に出てきましたね）にスタンバってた、**真田信幸**《さなだのぶゆき》（昌幸の長男、のちに信之。読み方一緒。大河ドラマ「真田丸」で大泉洋《おおいずみよう》さんが演じられる信幸は本当に愛《いと》おしいです）

　の軍勢が迫ってくる。

ウソだよな？　の徳川のみなさん「ジーザス……」

　後ろからは追手。前からは新たに信幸軍。キレイなハサミ撃ち。

　またもやメッタメタにやられる徳川とゆかいな仲間たち。逃げてもむちゃくちゃ追われて、メッタメタ。

徳川のＨＰ（ヒットポイント。体力）６のみなさん「もういいよ……思い描いていた未来と違うよ……」

その中でも何とか逃げ切った徳川のみなさんは、

「帰ろう。家康のとこ帰ろう」

とホームに戻っていったのでした。

「行きに渡った神川を越えたらもう安心だ」

しかし、歩いて渡れるってことは水かさがあまりないということ。

それには理由が……。

徳川のＨＰ《ヒットポイント》２のみなさん「……なんか遠くで、音がしない？　……てか、音が迫《せま》ってきてる……」

まだ終わらない仕掛け。

ゴゴゴ…………。
総仕上げ。
ゴゴゴゴ…………。
ずっと、川の上流の水をせき止めておいて、
ゴゴゴゴゴゴ……………。
今、開放。
ドバーーーーーーーーーーーーーン！

この瞬間、ＨＰ０《ゼロ》になった徳川のみなさん「あーーーー」


流されていってしまいました。

この戦いで、徳川軍が失った兵１４００。

それに対し、真田軍なんと40（完ペキにリアルかはわかりませんよ。そう言われてます）。

真田軍が圧勝したこの戦いを
「第一次上田《うえだ》合戦《かっせん》」

と呼びます。
僕個人的には、さるかに合戦と呼んでいます。英訳して、ホーム・アローンとも。なぜなら第一次上田合戦は、「さるかに合戦」や「ホーム・アローン」のように、トラップをふんだんに使って、大きな敵に勝った物語だから。
徳川軍が負けた報告は家康のもとに届きます。

徳川家康「ちくしょーーー！」

真田家と家康の因縁《いんねん》は始まったばかり。
そして真田昌幸の活躍は止まりません。

【見出し解説】
※**「ホーム・アローン」**は1990年に公開されたアメリカのコメディ映画。ちびっこが、悪党を一人でやっつける。ちっこい軍団の真田も、大きな徳川をやっつける。
※**「さるかに合戦」**は日本の有名な昔話。さるがかにに意地悪して殺してしまうと、その子供たちから仕返しされるという怖い話。ほら、みんな仕返しされちゃうの。

真田三代5

離れていても、好きだったら、想っていたら……

家康をビビらせまくった真田昌幸の最期とは――

真田三代パート2スーパーです。

まだ真田昌幸編。パート2のラストですよ。

おさらいいってみましょう。

徳川、上杉、北条が甲信越《こうしんえつ》狙う。

←

徳川、北条仲直り。

←

代わりに徳川と真田のケンカ。

←

真田完全勝利。

世の中の流れが、だんだん一人の男に傾《かたむ》いていきます。

その男こそ、**豊臣秀吉《とよとみひでよし》**。

戦国時代をあまり知らない人でも、名前を聞いたことのない人はいないくらい有名なサルハゲネズミです。農民から城持ちの大名にまで成り上がった、出世の代名詞。

信繁（幸村のことだよ）を人質に差し出している上杉家も、秀吉に従う感じになっていました。

真田昌幸「あ」

昌幸、秀吉に直に従った方が、強力な後ろ盾《うしろだて》ができると気付きました。

昌幸「信繁ちゃーん！　秀吉さんとこに行って、人質になってきなさーい！」

真田信繁「はーい！」

上杉景勝「いや、うちを出て行っちゃうの寂しー！」

豊臣秀吉「キター！　賢《かしこ》そうなやつ来たー！」

信繁は、今度は秀吉の人質になりました（この時点ではまだ行ってない説もあるよ）。

こうしていろんな大名が秀吉さんに続々従うようになってきてる中で、まだ秀吉と対等に渡り合う人物がいました。

それが、徳川家康。

「小牧長久手《こまきながくて》の戦い」

では、秀吉が戦いを終わらせたけど（戦は家康が勝って、交渉では秀吉が勝利した感じ。ややこしいから今度説明するね）、まだ家康は、秀吉に従う気配がないのです。

「家康ちゃんに従って欲しいなぁ。家康ちゃんが従ってくれたら、いろんな武将がこっちになびくのに……」

そう考える秀吉はあの手この手。

豊臣秀吉「家康ちゃん、実は贈り物があるのよ」

徳川家康「それはありがたい。一体何でしょう？」

秀吉「妹」

家康「妹ですか。確かにこの時期は旬《しゅん》ですから、さぞかしおいし……妹!?」

朝日姫「お嫁になるね」
家康「いや……なるねじゃなくて……」

お嫁になっちゃいました。

秀吉「家康ちゃん、今日も贈り物があるのよ」
家康「それはありがたい。……また妹ではないですよね？」
秀吉「そんな何人も妹贈らないよｗｗｗ」
家康「ですよねｗｗｗ」
秀吉「うちのお母さん」
家康「お母さんですか。いいですね。滅多《めった》に口にすることができない、希少価……お母さん!?」
大政所《おおまんどころ》（秀吉の実のお母さん）「人質になるね」
家康「あ、いや……いいんすか？」

お母さんもついてきました。

こりゃ秀吉本気だな。こうなったら……。

家康「従います」

秀吉「イェーーーイ！」

家康を従えた秀吉さんのもとへ、昌幸もようやく挨拶《あいさつ》しに行きます。

なんとこのとき、昌幸はまだ、秀吉さんに挨拶に行ってなかったんですね。

なぜか？

秀吉は何かにつけ家康の肩を持つので、昌幸は秀吉のことを信じ切っていなかったからです。でもこれは仕方ない。だって、秀吉が一番従えたかったのは家康ですから。

実は、昌幸が秀吉に従うと決めた当初、こんなこともありました。

真田昌幸「力貸してください」

豊臣秀吉「いいよー。いいけど、これからはオレの言う通りにしてねー」

昌幸「あ、はい、でも、全部はちょっと……」

昌幸は、秀吉に会いに行くのをちょっと渋《しぶ》ります。

秀吉「昌幸挨拶来ねーな……。家康ちゃん、やっちゃっていいよ」
徳川家康「あ、ホントすか？」
秀吉「いいんだよ。家康ちゃんが望む通りにやればいいんだから。あ、景勝ちゃん、昌幸に力貸しちゃダメよ。あいつ表裏比興《ひょうりひきょう》の者《もの》（うらおもてあるからねー）だからさ」
上杉景勝「……えーと……はい」

こんな感じで、あわや戦になりかけたこともあったのです（結果、家康が秀吉に従ったから、戦争にはならなかったよ）。

それでも結局、昌幸は秀吉に従います。そして、秀吉はこんなことを言います。

秀吉「あのさ、家康ちゃんも僕の仲間になったでしょ？」
昌幸「はい。そのようで（ま、オレには関係ないけど）」
秀吉「これからは家康ちゃんと仲良くやらないとダメだよ」

昌幸「もちろん、そのようにさせていただきます（絶対やだね！　あんなぽんぽこ野郎と仲良くできるか！）」
秀吉「昌幸ちゃん、家康ちゃんの部下になりなさい」
昌幸「わかりました（あーよかった。何を言われるかと思ったら、家康の部下か。そのくらいだっ……）……イヤです！」
秀吉「ダメー」
昌幸「いや、あの……わかりました」
秀吉「仲良くするんだよ」

昌幸、家康の部下になりました。
そして息子の信幸（信繁のお兄ちゃん）が、家康の家臣として仕えることになります。

家康「お前の親父キライだけど、お前はなんか好き」
真田信幸「マジっすか。嬉しいっす」
家康「本多忠勝（家康の家臣）って強ぇーやついるんだけど、そいつの娘、嫁にしちやいなよ」

信幸「はいです」

信幸、小松姫（忠勝の娘）と結婚します。
一方、秀吉も信繁に、

秀吉「信繁ちゃんは賢いし、ホントいい子だね」

真田信繁「マジっすか。嬉しいっす」

秀吉「大谷吉継（秀吉の家臣）って強ぇーやついるんだけど、そいつの娘、嫁にしちゃいなよ」

信繁「はいです」

信繁、竹林院《ちくりんいん》（吉継の娘。実名はよくわかってないよ。「竹林院」は戒名からとったものだよ）と結婚。
この結びつきによって、のちに、真田家は大きな決断を迫られることになります。

時は流れ、いろんな出来事があって（秀吉天下とる↓死ぬ↓家康権力持ちまくる↓三成とケンカになる）、**関ヶ原《せきがはら》の戦い**になっちゃう。

家康が上杉を倒《たお》しに行ってる途中（「上杉家は裏切り者だから倒すぞ！」って出来事があったのよ）、三成が完全にケンカを売ってきて、家康は**小山評定《おやまひょうじょう》**（って会議。P59〜62で詳しく書いてるよ）を開くのです。

そんなとき、真田家でも、実は家族会議が開かれていました。

なぜかというと、真田昌幸が、上杉を倒しに行く軍団に加わろうと家康のもとに向かっている途中、一通の手紙が昌幸のもとに届いたからです。

昌幸「（手紙読む）……えらいことに……えらいことになったー！」

信繁「どうしたのパパ？」

昌幸「お兄ちゃん呼んできなさい！　家族だけの、誰にも聞かれちゃならない秘密の会議をします！」

手紙の差出人は石田三成。

「家康のやってることってどうなの？　オレ的にはムリなのよ。だから家康倒そうと思います。協力して〜」

という内容の手紙でした。

とんでもなく大きな戦いの予感。

そんなわけで、昌幸、信幸、信繁は、下野国《しもつけのくに》（栃木県だよ）の犬伏《いぬぶし》というところで、3人だけの会議を行いました。

昌幸「今から超秘密の会議するから、誰も入ってきちゃダメだよ」

河原綱家《かわはらつないえ》（って家臣）「は！」

3人だけになり、

昌幸「三成が家康を討つつもりらしい」

信幸・信繁「え!?」

昌幸「協力してくれないかと要請《ようせい》が来てる」

信幸・信繁「え!?」
昌幸「どう思う?」
信繁「秀吉さんの思いを継《つ》いでる三成さんがそう言うなら、三成さんとこにつきましょう」
信幸「いやいや。三成が秀吉さんの遺志を継いでるとは思えないって。逆に豊臣家にとってよくない存在でしょ。ここは、今一番勢いのある家康さんでしょ」
信繁「あ?」
信幸「お前兄貴に向かって、あ? ってなんだ?」
信繁「いや、兄ちゃんの言ってることがズレてるなって思って」
信幸「お?」
信繁「あ?」
信幸「お前、豊臣側の嫁さんもらってるからだろ!」
信繁「理由としてスジ通るだろ! てか、テメーも徳川方の嫁さんもらってるから一緒だろ!」
信幸「だからお兄ちゃんに向かって、テメーとはなんだ!」
信繁「テメーにテメーって言って何が悪ぃーんだよ!」

信幸「オッケ。やってやる」（刀《かたな》抜く）

信繁「上等だ。クソ兄貴」（刀抜く）

昌幸「ストーップ！　ストップ！　やりすぎ！　やりすぎ！　落ち着いて二人とも。
　パパは二人をそんな短気に育てた覚えないよ！」

綱家「……あのー、大きな声がしたんですが、大丈夫でしょう……」

昌幸「まだ話し合いの途中でしょーが！」（下駄《げた》投げつける）

綱家「あ痛！」（命中。前歯《まえば》折れる）

信幸「ごめんパパ。取り乱してしまいました」

信繁「悪い。こうなる予定じゃなかった……ホント……ごめん……」

信幸「てか、パパはどっちにつくつもりなの？」

昌幸「パパか？　三成だよ」

信幸「え？」

　……」

信繁「やっぱそうだよね！　三成さんの方だよね！　僕ら、秀吉さんに恩があるもん

昌幸「家康がキライだからだよ！」

こうして、
東軍に、長男 信幸《のぶゆき》。
西軍に、父 昌幸《まさゆき》、次男 信繁《のぶしげ》。

家族が敵同士に分かれる結果となってしまいました（ただし、本当に秘密の会議だったので、どんな話し合いがあったかはよくわかってないんだって。二つに分かれておけば、どっちが勝っても真田家が残るって昌幸が考えた説もあるよ。河原綱家の前歯が下駄でなくなって、その後も前歯がないまま仕えたって文献《ぶんけん》にあるけど、河原さんはその場にいなかった説も有力なんだって）。


そして、天下を二分する戦いが始まります（詳しくは第一章「関ヶ原の戦い」）。

徳川家康と徳川秀忠（家康の息子ちゃん）は部隊を二つに分け、東海道《とうかいどう》と中山道《なかせんどう》を西に進みます。徳川秀忠軍が進むその先には、昌幸、信繁が待ち構える上田城。

真田軍2000～3000（もっと少ない説も）**VS徳川軍3万8000。**

圧倒的な兵力差です。

秀忠は、一緒について来た信幸に言います。

徳川秀忠「こんだけさぁ、力の差あったらさぁ、ちょっと説得すれば戦わずに『参りました！』って言うでしょ？　ちょっとパパんとこ行ってきてよ」

真田信幸「任せてよ！」

上田城で昌幸と会う信幸。

信幸「何で来たか、もう、わかってるよね？」

真田昌幸「薄々《うすうす》は……」

信幸「じゃ降参してもらえる？」

昌幸「やっぱ、それだよね……じゃあさ、家臣とか説得しなきゃだから、ちょっと時間ちょーだい」

信幸「いいよー」

戻ってきた信幸。

信幸「行ってきましたー」

秀忠「ごくろうさん。なんだって？」
信幸「降参するけど、みんなを説得するから時間くださいって」
秀忠「グッジョブ～。はいみんな休憩《きゅうけい》！」

安心した徳川軍。
ゆっくり返事を待つ徳川軍。
そろそろかなと徳川軍。
ちょっと遅くない？　と徳川軍。
大丈夫だよもうすぐだよと徳川軍。
それにしても遅くない？　と徳川軍。
じゃそろそろ言わせてもらうよと秀忠。

秀忠「来ねーじゃねぇか!!」

さすがに待ちきれなくなった秀忠は、「ちょっと行ってこい！」と、上田城に使いを出します。

戻ってきた使者は、一通のお手紙を持って帰ってきました。

「徳川のみなさんへ
何日も待っていただいてありがとうございました。
おかげで戦う準備が整いました。
お相手するから、いつでもかかってきなさい。テヘペロ。
真田昌幸より」

秀忠「な……な……なめくさってるじゃねぇかーーー!!」

昌幸が降参するそぶりを見せたのは、時間稼ぎのためのお芝居でした（秀忠を関ヶ原に行かせないためにもね。P75〜79で家康が怒った裏には、こんなことがあったのです）。

秀忠「お前の親父、人をおちょくりすぎだろ！　お前も本当にこっちの味方か怪《あや》しいもんだ！　そういった意味でもまず先に戦ってこい！」

と、信幸を先発隊《せんぱつたい》として送り込みます。

向かった先は、
砥石城《といしじょう》（上田城の近くだよ）。

第一次上田合戦のときは自分が守ったお城。

今そこにいるのは、
真田信繁《さなだのぶしげ》。

〝我が弟〟がその城を守っています。

世は戦国時代。人の命を奪《うば》い合うのが当たり前の世界。悲しいことにそれは、肉親であっても例外ではないのです。そう、たとえ兄弟であっても……。

信幸「真田信幸、参る！　信繁ー！」
信繁「やべ、兄ちゃん来た。逃げよう」

逃げました。

争いませんでした。

これには、
1. 真田家同士での争いを避《さ》けた。
2. 上田城の内部を知り尽《つ》くしている信幸に来られると厄介《やっかい》。だから砥石城《といしじょう》にとどまっていてもらう方がありがたい。
3. 信幸とともに兵士も砥石城にとどまっていてもらえば、上田城を攻撃する兵力が減る。
4. 父と弟が西軍について、肩身の狭い思いをしている信幸に、手柄をあげさせたかった。
と、いろいろな説があります。

もしこれが、全部本当のことだったら。信繁の、戦わず城を明け渡すという行動は、たった一つの動きで、一石四鳥くらいの価値があったことになります。

砥石城をとった徳川軍。次はいよいよ上田城です。

秀忠は「上田城の前で、稲穂を刈れ！」という指示をとばします。これは田んぼを荒らして、敵を挑発するという作戦。

秀忠の読み通り、上田城から真田軍が飛び出してきます。

真田軍「お米を粗末にするな！」
徳川軍「でいりゃ！」
真田軍「強っ！　ムリー」
徳川秀忠「口ほどにもない。それ！　真田を追いかけろ。一気に叩《たた》き潰《つぶ》せ！」

……ん？
なんだか似てるぞ。15年前、オレが聞いた話に……。

徳川の古い家臣「秀忠様。ここはあまり深追いなさらぬ方が……」
秀忠「何を申しておる。今が好機（チャンス）じゃ。真田に目に物見《ものみ》せてくれようぞ！」

秀忠様にとって、これは初陣《ういじん》（初めて戦いに出ること。秀忠はこの戦いが初めてかもって言われてます）。手柄が欲しくてしょうがない。だから、家臣の言うことに聞く耳持ってくれない。

これヤバい気がする……。

徳川軍「ワァーーー‼」

あ、門の前まで行った。

開いた。

中入って行った。

ババババババーーーン！　ヒュヒュヒュヒュヒュヒューーーーン！

鉄砲と弓矢の音だ……。

徳川軍「ぐぅわーーーーー！」

やられてる……。

やっぱりそうだ……ヤバいやつだ……。

徳川軍の大将クラス「退《ひ》け！　退けー！」

後ろの方にいた兵士たち「行け行け行け行け行け行け行け行け行けー！」

前の方にいた兵士たち「戻れ！　ヤバいんだって！　戻れって！」

あーあ。グッチャグッチャになってる……。

徳川軍「いったん、退散《たいさん》だー！」

お城は出たけど……。
真田信繁「かかれ！」
真田軍「オォー！」
わ、どっかから兵出てきた……。
徳川軍「逃げろ！　逃げろー！」
聞いた話と、細かいとこは違うけど、大体おんなじ……。
確かこの後……。
徳川軍「なんか遠くで音しない？」

ゴゴゴゴ……。
あ、やっぱりそうだ……。
川の水が一気に……。
これ流され……。
ドバーーーン!!
徳川軍「あー………」

流された……。

母さん。徳川軍は今、大変なことになっています……（古い家臣が目の前の現実を受け止めきれず、まるで映画を観てるかのような描写でお楽しみいただきました。細部は違えど、大まかな真田のやり方は、第一次上田合戦と同じようなものだったと言われています）。

秀忠「おのれ……真田ぁ!!」

そこへ家康からの手紙到着。

「早くこっちこいバカ　徳川家康」

秀忠「ヤベっ！　パパ超キレてんぞ！　ここはもういい、出発だ！」

こうして、昌幸・信繁親子は、3万8000もの大軍を何日間も食い止め、秀忠を関ヶ原の戦いに参加させないという大仕事をやってのけたのです（P75～78）。

この戦いを、

第二次上田合戦《うえだかっせん》と呼びます。

しかし、真田の働きも空《むな》しく、関ヶ原において西軍は負けてしまいます。
家康は、西軍の様々な武将に処分を下します。
昌幸と信繁にもたらされたのは……。

徳川家康「死罪《しざい》（死刑）！」

しかし、信幸と、信幸の義父・本多忠勝による必死のお願い。

真田信幸「お待ちください」
家康「待てぬ！（ホントにキライだし、ホントに苦しめられたし、もうなんか怖いし、生かしといたら絶対ジャマになるし）死罪じゃ！」
信幸「何卒《なにとぞ》、死罪だけは」
家康「くどい！」
信幸「二人とも悪気があったわけではありませぬ」

家康「いや悪気はあったじゃん」
本多忠勝「殿！　うちの婿《むこ》の顔に免じてここは一つ。何卒《なにとぞ》お許しを」
信幸「何卒！」
忠勝「何卒！」
信幸「何卒！」
忠勝「何卒！」
信幸「何卒！」
忠勝「何卒！」
信幸「何卒！」
信幸「何卒！　あ、2回続けて言っちゃいました。ごめんなさいお義父《とう》さん」
忠勝「あ、いいよいいよ、全然」
家康「もうわかったよ！　死罪だけは勘弁《かんべん》してやるよ！」
信幸・忠勝「ありがとうございます!!」

死罪は免れた、昌幸と信繁。しかし和歌山の九度山《くどやま》というところに幽閉《ゆうへい》（その場所に閉じ込めて出さないってことだよ）となりました。

昌幸はその後、もう一度武士として返り咲くことを夢見ながら、九度山で息を引き取りました。

徳川家康を最も恐れさせた男の最期は、実に静かなものだったのです。

父のように、この地で一生を終えるのだろうと思っていた信繁のもとに、ある日一通の手紙が届きました。

真田信繁「…………これは！」

その手紙には、信繁の運命をガラリと変える言葉が連なっていたのでした。

次回はいよいよ真田信繁編です。パート３に突入です。

【見出し解説】
※真田家は仕方なくバラバラになってしまうけど、おそらくお互いをずっと大切に想っていたのではないかと……。兄は父と弟を。父と弟は兄のことを。

真田三代6

あの鐘を鳴らしたあなたに捧げるレクイエム

お待たせしました！　真田幸村の名で知られる信繁の活躍はじまりはじまり〜

真田三代パート3となります。ようやくパート3です。パート3はいよいよ信繁の回です。

真田《さなだ》信繁《のぶしげ》。

真田幸村の名前で有名ですから、「名前くらいは聞いたことあるかも」って人は多いんじゃないでしょうか（「信繁」が本名で、「幸村」は創作の可能性が高いんだって）。真田の優秀なDNAを存分に活かし、戦国最後の戦いで名を馳《は》せた人気武将です。

パート1で幸綱（おじいちゃん）、パート2で昌幸（パパ）をご紹介した後は、真田三代のラスト、信繁の登場です。

真田昌幸の次男として生まれたのが信繁です。

信濃《しなの》（長野県だよ）の小さな国衆《くにしゅう》（大名のちっちゃいバージョンみたいなもん）だった真田家は、いつも大きな勢力に従って生きてきました。

そして誰かの下につくときは、あなたを裏切りませんという証として、人質を差し出したりします。

信繁は若い頃、長い人質生活を送りました。

最初は上杉の、次は豊臣の人質……と、人質ジャンプアップ。

といっても、その扱いは人質っていうよりも、その家の家臣みたいな感じでした。

上杉景勝からは土地を与えられてますし、豊臣秀吉からは、豊臣姓をもらっています。

それだけ信繁が気に入られて、大事にされたという証拠。

人質生活によって、信繁は真田家以外の考えや知識も吸収したハイブリッドな武将となり、豊臣秀吉率いる、豊臣系の人たちへの恩も生まれました。

そんな豊臣のために戦った「関ヶ原の戦い」で、信繁たち西軍は負けてしまいます。

東軍についた兄・信幸の必死のお願いにより、死罪（死刑）は免れたものの、昌幸・信繁親子は、紀伊国《きいのくに》（和歌山県だよ）の九度山というところに配流《はいる》（遠くへ追放！）されたのです（牢屋《ろうや》とかに閉じ込められるわけじゃなくて、監視されながら、質素に暮らすって感じっすね）。
父・昌幸は九度山で息を引き取り、信繁の幽閉《ゆうへい》（閉じ込められる）生活も十数年が過ぎたある日、信繁のもとに、彼の人生をくるんとひっくり返す、一通の書状《しょじょう》（手紙）が届きました。

真田信繁「……これは！」

――時間をちょっと戻して、その手紙の内容と、届いた理由をご説明。
関ヶ原の戦いに勝利した家康は、いろんな大名の石高《こくだか》（P72、83を見てね）をいじっちゃいます。

徳川家康「今回……西軍についてしまったあなたの石高、一体いくら減る？　A．2万石《まんごく》、B．4万石、C．減らない、D．6万石」

西軍の大名「……さすがに減らないのは都合よすぎるし……Bの4万石！」
家康「ファイナル何とか？」
西軍の大名「……ファイナル何とか……」
家康「…………」
西軍の大名「…………」
家康「…………ざ〜んね〜ん」
西軍の大名「！」
家康「30万石減ります」
西軍の大名「うそ!?　そんなに!?　え、それ、選択肢になかった！」
家康「はぁい。また機会があったら頑張ってくださいね」
西軍の大名「……クソっ」
家康「代わりに、東軍についてくれたあなた……」
東軍の大名「はい！」
家康「今、あちらの方からとった30万石。まるまるあなたにプレゼント」
東軍の大名「マジっすか!?　やったー！」
家康「今回いっぱい頑張ってくれたんでね。次も何かあったらよろしくぅ」

東軍の大名「はい！」
家康「さぁ、次はあなた」
西軍の続いての挑戦者「よろしくお願いします」
家康「ざ〜んね〜ん」
西軍の続いての挑戦者「え!?　まだ選択してな……」
家康「全部、没収《ぼっしゅう》ぅ〜」
西軍の続いての挑戦者「えーー!?」
家康「またねぇ」
西軍の続いての挑戦者「そりゃないよぉ……」
家康「さぁでは豊臣さん」
豊臣さん「え!?　私たちも!?」
家康「はい〜。今豊臣さんは２００万石以上お持ちですが…………今回65万石になります」
豊臣さん「え!?　65万石になる？　65万石減らされるんじゃなくて!?」
家康「はい。65万石になります」
豊臣さん「それじゃ、他の大名と変わらない存在じゃないですか!?　ちなみに家康さんはどんな感じになるんですか？」

家康「私は250万石から、400万石になりまぁす」

豊臣さん「やりたい放題だな！」

こんな感じで（こんな感じなわけがありません）、自分に味方してくれた大名の土地をいっぱい増やし、西軍についた大名の土地を、減らすか没収するかの処分を下しました。

その処分は豊臣家にも下ったのです……。

その後、家康は征夷大将軍《せいいたいしょうぐん》（お侍さんのトップ）となり、江戸に幕府（お侍さんが政治するよってやつ）を開きます。

で、2年後、将軍職を息子の秀忠に譲っちゃいます。

息子に将軍職をソッコー渡すことによって、「これからは、徳川が代々トップを務《つと》める世の中にしていきます。今回息子が継いだように、次からもそんな感じでやっていきますよ。時が流れても、ずーっと徳川がトップです」というのを、豊臣や全国の大名に示したんです（将軍の座は秀忠に譲《ゆず》ったけど、実権を握《にぎ》っちゃってるのはバリバリ家康だよ）。

いろんな大名が、徳川家の家来になるという約束を交わします。

家康は、豊臣秀頼（秀吉の息子ちゃん）にも、家来になってと要求します。が、

淀殿《よどどの》（秀頼のママ）「なーんでうちのかわいい秀頼ちゃんが、天ぷらダヌキに頭下げないとダメなのよ！　こっち誰だと思ってんのよ！　豊臣よ！　アイアムナンバーワン！」


ダンコとして家康の下につこうとはしなかったのです。

しかし、生前、秀吉にかわいがってもらい、豊臣家に恩を感じていて、何かあったら豊臣家のことを守ってくれるであろう大名たちが、次々と亡くなっていきます（加藤清正さんや、池田輝政《てるまさ》さんって人たちだよ）。

淀殿、秀頼、豊臣の家臣たち、ちょー不安。不安で不安で仕方ないけど、幕府（家康たち）には頭下げないぞ。

だから、淀殿たちは、朝廷《ちょうてい》（貴族の人たち）と仲良くしたり、兵糧《ひょうろう》（お米）や兵を集めたりします。

この時代は、戦いも政治も全部お侍《さむらい》さんがやってます。でも官位《かんい》とかを任命する権限は朝廷が持ってるんですね。官位ってのは、関白《かんぱく》とか、内大臣《ないだいじん》とか、従五位下とか、ごちゃごちゃしたわかりにくいやつ。今でいう、専務取締役《せんむとりしまりやく》とか、常務《じょうむ》取締役みたいなニュアンスかな。政治でいえば、内閣総理《ないかくそうり》大臣《だいじん》。あくまでニュアンスです。豊臣さんは家康をムシして、朝廷から勝手に官位をもらったりしてたってことですね。他人から見たら、兵糧や兵を集めるのも、「いつでも戦いますけど。何か？」って感じに映ります。

この行動、家康からしたら、

「…………マジうぜー」

って感じだと思います。

あくまで平和に仲良く、なんとかウチらの下についてよ～って姿勢を見せてたのに（腹の底ではどう思ってたかはわかりませんけどね。表向きはね）、豊臣はどこからどう見てもツンデレ。いや、ツンしかない。

徳川家康が、「そろそろ豊臣……消えてもらわないとですね……何かいい口実《こうじつ》が……」と思ってた矢先、徳川家康の家臣「殿。豊臣が造ったお寺が完成したそうです」
家康「あ、そう」
家康の家臣「鐘《かね》にいっぱい漢字ありました」
家康「あ、そう。どんなの」
家康の家臣「……とか、……とか、……とかですかね」
家康「あ、そう。……ん？　最後の方もう一回言って？」
家康の家臣「……とかです」
家康「それだ……それだそれだそれだ！」
家康の家臣「？」

家康は、以前に秀吉が建てた
方広寺《ほうこうじ》
というお寺の再建を、豊臣家に勧《すす》めていました（豊臣家の莫大な財力を減らすためとか言われてたりするよ）。
そのお寺の鐘の文字に、豊臣を攻める口実を見つけたのです。

徳川家康「秀頼さぁん。えらいことやってくれましたねー」
豊臣秀頼「はい？　何がですか」
家康「方広寺ですよ」
秀頼「方広寺が？　え？　だってあれを建てればって言ったのは家康さんじゃないですか。それがなんでえらいことなんです？」
家康「え〜もちろん、建てた方がいいと言ったのは私です」
秀頼「だったら何の問題が……」
家康「お寺は1個でも、2億個でも、全然建ててくれて構わない。私が言ってるのはそこにある鐘のことですよ」
秀頼「鐘？」
家康「鐘の文字」
秀頼「文字？　どういうことです、話が見えてこない」
家康「わかりませんか？　ではご説明しましょう。この文字の中に『国家《こっか》安康《あんこう》　君臣豊楽《くんしんほうらく》』とある。やってくれましたね、秀頼さん」
秀頼「いや、わからんわからん」
家康「とんでもないこと言ってくれましたね。豊臣　某《なにがし》さん」

秀頼「さっきまで秀頼って呼んでたろ！　名前わかるだろ！　何を言ってるんです、国が安全に平和で、君主《くんしゅ》（殿）も家臣も豊かに楽しくって、すごくステキな意味じゃないですか」

家康「だまらっしゃい！」

秀頼「！」

家康「そんなわけないだろ！『国家安康』家康という名前を『安』という文字で切っている。『君臣豊楽』豊臣という姓が入っている。つまり！　家康が死んで、豊臣がトップの楽しい世の中になればいいってことだろ！　えぇ!?　豊臣秀某《なにがし》さん！」

秀頼「『頼』入れればいいだろ！　い、い、言いがかりだぁ！」

家康「わかりました。そんなメッセージを送ってくるんなら、こっちにだって考えがあります」

秀頼「だから違うっつってんだろ！」

家康「私はこのへんでおいとまします。では。……あ。夜道には気をつけてくださいよ……豊臣秀頼某さん……」

秀頼「もうフルネーム言ってるよ！『秀頼』の後、何もつかねぇよ！」

豊臣家を攻めるキッカケとなったこの事件を、**「方広寺鐘銘事件《ほうこうじしょうめいじけん》」**といいます。

いちゃもんかどうかはさて置いて、家康がキレてるのを知った豊臣家は焦ります。

片桐且元《かたぎりかつもと》（秀吉の頃からの家臣）「これは、徳川さんに『ごめんなさい』って言うしかないですね」

淀殿「は？　イヤよ！　なんで悪いことしてないこっちが謝んないとダメなのよ！　あっちが勝手に言いがかりつけてきたんでしょ!?」

且元「それはそうかもですけど……こちらの誠意を見せないと」

淀殿「誠意？」

且元「ええ。

1．秀頼様が江戸に働きに出る。
2．淀殿が家康さんのところの人質になる。
3．大坂城を出て行く。

これのどれかをやった方がいいと思います」

淀殿「で……で………」

且元「(あ……できるかーって言いそう)」

淀殿「できるかーー!!」

且元「(やっぱり)」

そして、徳川家康。

「なんの謝りも入れてこないんだね。オッケー……」

徳川は、自分に従う大名に、「豊臣を討《う》つために大坂(昔は坂)に集まれ」との命令を出します。

その後、大坂に集まった兵力、およそ、20万。

それに対抗するため、豊臣家も大名に声をかけますが、「すいません……今はもう、徳川さんに従ってますので……すいません」というものがほとんど。

豊臣の人たち「こうなったら、全国に散らばっている牢人《ろうにん》(家や主人を失った人のことだよ)に使者を出せ!」

関ヶ原の戦いで、家や主人（殿）を失った牢人や、豊臣に尽くしてくれていた武将たちに、使者を出します（秀吉が残した莫大《ばくだい》な財産があるので、金銀も持たせてね）。

その使者が、関ヶ原で負けて幽閉《ゆうへい》されていた信繁のもとにも訪れたのです。

使者から手紙を受け取る信繁。

真田信繁「……これは……！」

手紙「《豊臣に力を貸してくれ》」

信繁の家臣「信繁様？　書状には何と？」

信繁「……参るぞ」

信繁の家臣「？　……どちらへ？」

信繁「大坂だ！」

真田信繁、一世一代の戦いが始まります。

【見出し解説】

※「**あの鐘を鳴ら**すのはあなた」は和田アキ子の代表曲。秀頼、あの鐘さえ造らなければよかったのに……。

※『**悪妻に捧げるレクイエム**』は、赤川次郎のミステリー小説。「レクイエム」とは鎮魂歌。死者の魂を鎮めよう。

真田三代7

素敵なお城からレオンがコスプレして機関銃撃ってきた

要塞「真田丸」は、かくして、世に名を轟かせたのです

真田三代パート3－Ⅱ、真田信繁編・其《そ》の2でございます。
前回までのあらすじ。

家康は豊臣家潰《つぶ》したい。
←
家康、お寺の鐘の文字にいちゃもん。
←
豊臣家「だったら、やってやらあ！」
←

徳川家「いい度胸じゃん。やってやらあ！」

九度山《くどやま》←で手紙をもらった信繁「そうだ　大坂、行こう。」

豊臣家から「大坂へ来て。お願い」の手紙を受け取り、真田信繁は九度山を脱出することを決意します。

信繁が九度山を離れたという報告は、監視役の武将のもとに届きました。

監視役「おい！　真田信繁はいつここを離れた!?」

村人「ああ、真田様かい？　確か、3日前くらいだったかな？」

村人「そうだなー。そのくらいだった気がする」
監視役「3日前!?　もう追ってもムダか……」

実は、信繁が九度山を出て行ったのはついさっき。地元の人に礼儀《れいぎ》正しく接して、みんなから好かれていた信繁だったので、村人みんなでかばったのでした。
(これにもいろんな説があります。
・監視していた武将自身が見て見ぬふりをした。
・監視役から「ちゃんと見張《みは》っとけ」と言われている村人たちを、酒で酔《よ》わせてそのスキに逃げた。
でも、僕は最初に紹介した話が一番好きなんで採用!)
そして、真田信繁、大坂城、着陣《ちゃくじん》(着いたよー)。
真田が豊臣側について、大坂城に入った、という知らせは家康のもとにも届きます。

徳川家康の家臣「殿、大坂城に続々と、牢人が集まっている様子」
家康「ほぉ。一度負けた者たちが集まったところで、一体何ができるというのだ……フッ」

家康の家臣「その中には真田もいるそうです」

ガタッ！
戸に手をかける家康。
ガタガタガタガタガタガタガタ!!
会いたくなくて会いたくなくて震える。

家康「さ、真田が……ぉ、大坂城に……お、親の方か!? こ、子供の方か!? 親か!? 子か!?」
家康の家臣「殿……!?」
家康の家臣「こ、子供の方でございます」
家康「こ、子供……なーんだ。子供の方か！」（昌幸パパが死んだ情報はまだ伝わってなくて、家康が怯《おび》えまくったっていう話もあるよ。子供って聞いて安心したっていう話もあるよ）

大坂城に入った牢人は、信繁だけではありません。

毛利勝永《かつなが》、後藤基次《ごとうもとつぐ》（又兵衛《またべえ》）、明石全登《あかしたけのり》、長宗我部盛親《ちょうそかべもりちか》。
信繁と合わせて、五人衆と呼ばれた人たち（他にも牢人さんはいます。ただ多い……多すぎるので、書きません。書きたくないんです）。
牢人、兵士、武器を、かき集められるだけかき集めて、徳川に対抗することになりました。

豊臣と徳川 最後の戦い
「大坂《おおさか》の陣《じん》」（まずは「大坂冬の陣」だよ）
が始まります。
豊臣軍《とよとみぐん》約10万VS徳川軍《とくがわぐん》約20万。
史上最大規模の戦い。
信繁たちは、徳川軍が大坂に揃う前に、作戦会議を行います。

真田信繁「積極的に外に打って出ましょう！」
大野治長《おおのはるなが》（豊臣家の家臣）「うーん……籠城かな（お城にこもって戦うってこと）」
信繁「外に出て、近畿《きんき》地方を占領して、そこで徳川軍を迎《むか》え撃つんです！」
治長「そっか……籠城《ろうじょう》かな」

信繁「そうやって戦ってる間、こちらに味方してくれる大名を増やすんです！」
治長「ふむ……籠城かな」
毛利勝永「私も真田さんの意見に賛成です。こちらから先制攻撃を食らわした方がいい」
治長「なるほど……籠城かな」
後藤基次「京都や奈良を、それぞれの部隊でおさえて、徳川軍と戦いましょう！」
治長「京都や奈良か！　……籠城かな」
小幡景憲《おばたかげのり》（徳川軍のスパイです）「近畿に出て行って、徳川軍と戦っても、勝てるとは思えません」
治長「あ、ほらぁ。籠城かな」
信繁「わかりました……では近畿に出るのはあきらめましょう」
治長「籠城か？」
信繁「いえ。徳川軍はとんでもない大軍です。陣を構《かま》えるのに手間取る（ちゃんとスタンバイするまでに時間かかるってことね）」
治長「確かに」
信繁「その手間取ってるスキをついて、奇襲《きしゅう》（急に襲う）をかけましょう！」

治長「おお！」
信繁「いかがです!?」
治長「籠城にしよう！」

籠城になりました。

牢人たちは、もちろん徳川軍を倒すことを目的としていますが、豊臣の家臣たちは、豊臣の家を守ることを第一に考えていたと言われています。

秀吉が残してくれた、当時の築城《ちくじょう》（お城を築く）技術による最高傑作である大坂城に立てこもっていれば、徳川軍の攻撃にも耐《た》えられる。戦いが長引いて、あちらが「もうやーめた」となってくれたら一番ありがたかったんですね。

それに、豊臣の家臣たちは牢人たちをイマイチ信用してない。なおかつ信繁は、兄・信之（この頃には信幸から信之に名前を変えていました。「幸」という字は真田家でよく使われてたものなんで、「あちらとはもう関係ありませんよ」という、徳川に対してのアピールだったと思うよ）が、徳川の方についている。

最初から信繁の意見を聞いてもらうのは難しかったのです。

こうして、豊臣軍は籠城が決まりました。

そして、1999年のGLAYのライブ規模の人数の徳川軍が、大坂に集結したのです。
大坂城から南、茶臼山《ちゃうすやま》という場所に、徳川家康、着陣（着いたよー）。

徳川家康「オッケー、じゃ、周りからいっちゃいましょーか！」
家康は、今の大阪湾につながる全ての川と、その周辺に築かれた、大坂城を守る砦《とりで》を攻撃していったのです。

家康「はい、じゃあ一つめドン！」
木津川口《きづかわぐち》、陥落《かんらく》（攻め落とされることだよ）。

家康「いいね！　じゃあ続いてドン！　ドン！」
鴫野《しぎの》、陥落。
今福《いまふく》、陥落。

家康「オッケーオッケー！　はい今度もドン！」

博労淵《ばくろうぶち》、陥落。

家康「じゃ最後いきましょ！　ドーン！」

野田《のだ》・福島《ふくしま》、陥落。

全ての砦が落とされ、外部との連絡は一切取れなくなりました。

大坂城、完全孤立。

そして、城の周りをぐるりと、徳川軍約20万が包囲（囲まれちゃった）してしまいました。

徳川軍の大名「ん？　……なんだあれ？」

いつの間にやら、大坂城の南側に、不気味な要塞《ようさい》（ま、お城だね）が姿を現していたのです。

実はこれ……。以下は、籠城戦《ろうじょうせん》が決まったときのやり取りです。

真田信繁「わかりました。籠城でいきましょう。その代わり、城の南側に砦を築かせてください」

大野治長「砦《とりで》？」

信繁「大坂城の北、東、西は、川や湿地帯があって簡単には攻め込まれません」

治長「そうね」

信繁「ただ南は、なだらかな丘。すごくかわいい」

治長「かわいいって表現はピンとこないけど」

信繁「敵が攻めてくるとすれば南です。このお城の弱点ですから」

治長「そこに……？」

信繁「はい。砦を築きます」

治長「よしわかった！　勝手にしなさい！」

そうです。今、徳川軍の目の前にあるのが、まさに信繁が築いた砦だったのです。以前はこの砦、お城にくっついたちょっとしたものと考えられていたんです。しかし、最近の研究で、大坂城の南からちょっと先に存在していたことが明らかになりました。完全に大坂城から切り離された砦だったというのが、最近の説です（周囲1キロくらいの楕円形《だえんけい》とか言われてるよ）。

というよりは、砦というよりは、むしろ独立した一つの城なので、大坂城内にいる武将の力を借りることはできない。

この要塞はのちに

「真田丸《さなだまる》」

と呼ばれました。

ここにおいて、信繁の孤独な戦いが始まります（お城って言っても、名古屋城《なごやじょう》とか、今の大阪城とかみたいに、現代の人が考える天守があるようなやつじゃないよ。館《やかた》って感じを想像してください。その周りに堀《ほり》〈ひたすらでっけー溝《みぞ》〉と柵《さく》がめぐらされてる感じです。ちなみに、現代の人が一般的にイメージする、天守《てんしゅ》があるお城は、織田信長以降で、戦国時代の途中までは天守がないものがほとんどだよ。館みたいなやつ、世界はそれを城と呼ぶんだぜ）。

信繁「まず、徳川の軍勢をこちらに引きつけないと……」

真田丸の先に、篠山《ささやま》という小さな山がありました。その先に、前田利常《としつね》（前田利家って人の息子さん）の軍がいます。

信繁「これだ」

前田利常の軍は、家康さんからこう言われてました。

家康「君たちは塹壕《ざんごう》（中に入って鉄砲とかから身を守る溝だよ）を掘《ほ》っときなさい。
いいかい、命令があるまで決して動くんじゃないよ」

前田利常さんの兵士たち「うん！」

大きい溝を掘るため
えっちら、おっちら
早く立派な溝できないかな
えっちら、おっちら
あるとき、そこで大きな音がしました。
パーン！

利常さんの兵士「わ！」

篠山から鉄砲を撃ってきた人がいたのです。

信繁くんの兵士「ハハハハハ！　びっくりしてやんの！」

利常さんの兵士「くそー……真田のやつら……。でも家康さんから勝手なことはするなって言われてるしな……」

利常さんの兵士は、ムシして溝を掘り続けました。次の日も、信繁くんの兵士は鉄砲を撃ってきます。

パーン！

利常さんの兵士「わ！」

次の日も、その次の日も、信繁くんの兵士は、利常さんの兵士のじゃまをします。

利常さんの兵士はついにがまんできなくって、

利常さんの兵士「ちくしょー……篠山まで行ってやる！」

信繁くんの兵士を倒すために、篠山に入ったのでした。でも、そこには誰もいません。

利常さんの兵士「あれ？」

するとと向こうの方で信繁くんの兵士たちの声。

信繁くんの兵士「ギャハハハハハハハ！　バードウォッチングでもしてるのかな？

もうそこには誰もいませんよーだ！　とっくに真田丸に戻ってきてますぅ〜。

暇ならおいでよー相手してあげるから」

利常さんの兵士はがまんの限界。

利常さんの兵士「くそー、バカにしやがって……」

●※▼△「だめよ」

利常さんの兵士「その声は……利常さん！」

利常さん「いい？　家康さんから言われているでしょ。命令があるまでは動いてはいけないって」

利常さんの兵士「……でも」

利常さん「あなたたちの気持ちはわかるわ。でも今はがまんしなくてはならないの。いい？」

利常さんの兵士「……うん。利常さん」

利常さん「なぁに？」

利常さんの兵士「無理です」

利常さん「え？」

利常さんの兵士「真田ぁーーー!!」
利常さん「あー!!　みんな！　行ってはダメーー!!」
信繁「かかった」

真田丸めがけて突進してくる前田の兵。
信繁の家臣「殿！　前田の兵がこちらへ向かっております！　鉄砲を!?」
信繁「まだだ！」
引きつけて引きつけて射程圏内《しゃていけんない》。
信繁の家臣「殿！」
信繁「まだだ！」
引きつけて引きつけてギリギリまで。
ここだ。
信繁「撃てーー!!」
バババババババババーーー!!

前田隊「ぐぅわーーー!!」

真田隊の一斉射撃《いっせいしゃげき》に次々と倒れていく前田隊。

父・昌幸から学んだ、敵をギリギリまで引きつける手法が、見事に花開きます。

真田丸の堀は、幅《はば》が20メートルくらい。深さは6メートル（もっとあったかな？）。

真田丸の内側には櫓《やぐら》がある。堀にも櫓にも、兵がスタンバイしてて、そこから鉄砲を撃てる構造です。その堀が周りをぐるーっと囲んでいて、どこから来ようが敵を狙えるんです。おまけに両サイドに出入り口がついていて、そこから兵士が出撃できます。

出撃した真田軍が徳川軍を攻撃する。帰って行く真田隊を追いかければ、真田丸の内部から、徳川軍は鉄砲で撃たれる。

まさに鉄壁のお城。守りというよりは、攻撃のために造られた要塞《ようさい》でした。

戦闘は続きます。
前田隊の突撃を見た、井伊隊、松平隊が、
井伊隊・松平隊「あ！　あいつら抜け駆けした！　よーし、オレたちも！」
前田隊につられて、井伊隊と松平隊が大坂城や真田丸に攻撃開始。
バババババババババーーーン！

井伊隊・松平隊「うぐわーーー」
　結構やられちゃう。
前田・井伊・松平「こいつぁーヤベーかも……」

　そこへ、
　ドーーーン!!

　大坂城内で、火薬による爆発事故が起きます。この事故、結果、徳川軍に被害をもたらします。

　実は豊臣側に南条《なんじょう》さんという武将がいたのですが、事前に徳川の方に寝返る（豊臣を裏切るってことね）約束をしていました。が、そのことがバレてしまい、切腹させられたんです。

　しかし徳川の人たちは、南条さんが亡くなったことをまだ知りません。

　そのドーンは、ただの火薬事故だったのですが、それを聞いて……

徳川のみなさん「南条が寝返った合図だ！」

　勘違いしてしまいます。

徳川のみなさん「いける！　いける！　いける！　いける！　いける！　南条が中から崩してくれる！　いける！」

もっと攻め込んじゃいます。で、

ババババババババババーーーーーン！

徳川のみなさん「うわーーーーー」

もっとやられちゃいます。

南条は切腹してもういないですから、中からは何かが起こるはずはありませんし。

そんな戦況を知った家康から、

徳川家康「全員帰ってこいバカタレ！」

帰ってきて、武将たちは家康にこっぴどく叱られたのでした。

真田丸を擁した、大坂城城壁での戦いで、徳川軍の失った兵は、1万以上（諸説あるよ)。そのほとんどが、真田丸からの攻撃によるものだったと言われています。

「真田信繁って……ヤバい……」

信繁の名前は、全国に轟《とどろ》くことになります。真田丸での孤独な戦いは、大勝利に終わったのでした。

家康「さて……違う手でいくとするか……」

動じない家康。

徳川軍が次に取った行動とは……。

【見出し解説】

※**「レオン」**は1994年のリュック・ベッソン監督の映画。真田丸という城にこもり赤備えというコスプレで戦う姿が、殺し屋レオンに重なって見える僕でした。

※『セーラー服と**機関銃**』は赤川次郎の小説で、映画にもなってテレビドラマにもなって、薬師丸ひろ子が歌も歌った。女子高生が親分になって、ヤクザに向かって機関銃ブッぱなしちゃう。真田もブッぱなしました。

真田三代8

ケンカのあとはほっぺにチュ。でもちょっと血の味がする

大坂冬の陣では徳川をやりこめた要塞「真田丸」の、まさかの末路――

「えい、えい！　おー！」

「えい、えい！　おー！」

「えい、えい！　おー！」

また……。

太陽がいなくなり、草木の呼吸が聞こえてくる時間。

束《つか》の間《ま》の安寧《あんねい》がこの胸に落ち切る刹那《せつな》、粗《そ》暴《ぼう》な声によって、それは私の前から霧散《むさん》してしまう。

「一体何日目だ……」思わず声に出ていた。

パーーン

パーーン パーーン パーーン

バババババババババーーーーン！

大の男が何万も雁首《がんくび》を揃えて、こんな陳腐《ちんぷ》な方法を繰り返していることに笑いが込み上げてきた。

だが、口惜《くちお》しいことに効果はある。

この数日間ろくに睡眠がとれていない。まさか戦の最中に安息《あんそく》というものを求めているわけではなかったが、一時も身体を休めることができないとなると、精神が破綻《はたん》し始める。天をもつんざく膨大《ぼうだい》な数の鬨《とき》の声と、鉄砲の大音量は、立派な武器となるのだ。

いつまでこれが……。

ヒュー……………ドゴーーーン！

淀殿「！　なに!?」

豊臣の家臣「徳川が大砲を撃ってきました！」

淀殿「もう、何それー！　マジでムリなんだけどー！」

真田三代パート3―Ⅲ。真田信繁編・其《そ》の3になります。

大坂冬の陣が始まり、真田丸からの攻撃でボッコボコにやられた徳川軍。

家康が逆襲のために考えた作戦は、大人数で鬨《とき》の声（えいえいおーってやつね）を上げ続け、大量の鉄砲の音も鳴らして、大坂城の人たちを精神的にまいらせるというものでした。

そして、仕上げに大砲《たいほう》をかます（徳川さんは事前に、イギリスやオランダから、大砲を仕入れてたんだって。グローバル）。

実は、豊臣と徳川はお互い和議《わぎ》（仲直り）を結びたいと考え始めていて、なんとなーくの話し合いをしていたそうです。

豊臣側も徳川側も大量の人数が戦いに参加していましたから、まず食べるものが底を突いてくるわけです。

豊臣側は、火薬とかもなくなってきました。徳川側は、とにかく寒い。外が寒すぎる（家康は70歳を過ぎたおじいちゃんですから、相当《そうとう》寒かったと思います。逆に今までよくガマンしてた）。

仲直りするときの条件を有利に持っていくため、家康はとにかく大きな音を出すという、精神的ないやがらせを行っていたのです。

そして、大砲。

あるとき、いくつも撃たれた大砲の弾の一つが、淀殿のお部屋に命中。

淀殿の侍女《じじょ》（身の回りのお世話をする人）が何人か亡くなってしまいました。

淀殿「ムリムリムリムリムリムリムリムリ！　もう終わりにしてちょーだい！」

ずっと強気だった淀殿も、さすがにまいってしまい、正式に仲直りすることが決定しました。

豊臣さんが徳川さんに出した条件は、

・秀頼くんと、今持っている土地の保証。

・大坂城の中にいる武将たちを罪に問わないで欲しい。

って感じのもの。

一方、徳川さんから豊臣さんに出した条件は、

・人質よこせ。

・大坂城の本丸《ほんまる》を残して、二の丸（エリアだね）、三の丸（エリアだね）、外堀（外のお堀だね）を壊して埋《う》めさせてちょーだい。

というものでした。

お互い条件に納得して、仲直りは成立します。

そして、この条件こそ、おそらく家康が望んでいたものだったのです。

昔から、仲直りの条件としてお城を壊すっていうのはあったらしいんですが、それは形式的なものであって、ちょっと壊したら「終わりー」っていうものがほとんどでした。

それなのに徳川側は、ソッコー外堀を埋めつくしたので、豊臣側はビックリ。

ムチャクチャなスピードで本気で埋めてくる。そして、三の丸までとりかかる。

豊臣の人「いやいやいやいや、三の丸と二の丸は、こちらでやっておく約束ですから……」

徳川の人「大丈夫、大丈夫。そちらも疲れてるでしょ？　こっちでやっておきますから」

豊臣の人「あ、いや……」

徳川の人「いいの！　いいの！」
豊臣の人「正直、ありがた迷惑なんですが……」
徳川の人「……いいの！　いいの！」
豊臣の人「………」

徳川側は、三の丸、二の丸の建物を壊し、外堀だけでなく、お堀の全てを埋めつくしてしまいました。

そしてこのとき、徳川側にとっては忌《い》まわしい要塞、真田丸も取り壊してしまったのです。

残ったのは本丸のみ。大坂城は一瞬で、裸のお城にされてしまいました。

とりあえず大坂を離れる家康。

帰る途中、家臣に、

徳川家康「新しい大砲、注文しときなさいよ（ニヤッ）」

これで終わらせるつもりはなかったのです。

大坂冬の陣が終わった後、信繁を訪ねた人がいます。

真田信尹《さなだのぶただ》、

信繁の叔父《おじ》にあたる人です。

「真田の次男はやっかいです。口説《くど》いてきなさい!!」

と家康から言われ、

真田信尹《のぶただ》「信繁ちゃん、徳川に来ない？　来てくれたら信濃（長野県とかだね）10万石（お米の取れ高で表す土地の単位だね）あげるってよ」

真田信繁「叔父さん、オレ土地とかで動いてないのよ。豊臣に恩を感じてるから、そのために動いてんのよ」

信尹「あ、そう。それなら仕方ないか……」

信尹、信繁から断られます。

家康「うそだー!?　10万石でも!?　もう一回！」

また行く信尹。
今度は信尹を家に入れない信繁。

信尹「おーーい！　叔父さん入れないって、どういうことよ」
信繁「だってしつこいもん！」
信尹「家康さん、今度は信濃一国（長野県ごと）あげるって言ってるよー」
信繁「10万石だったら裏切らないけど、信濃一国だと裏切ると思ったのかー!?」
信尹「思ったよ！」
信繁「思ったんかい！」

またしても信繁、家康の誘いをあっさりと断ったのでした。
しばらくした後、家康のもとに噂《うわさ》が届きます。

徳川家康「聞きましたよぉ？」
大野治長（**豊臣家の家臣**）「聞かないでください」

家康「いや、もう聞いてるんですよ。なんでも、埋めたお堀、掘り返してるそうじゃないですか？」
治長「それは……」
家康「約束が違うなぁ。仲直りの条件を破《やぶ》るおつもりですか？」
治長「あんなに全部埋めるとはこちらも思ってなかった！」
家康「えぇ？　それはそちらが勝手に思ったことでしょう？　私どもは条件に従って動いたまでです」
治長「タヌキが……」
家康「ん？　今悪口言いました？」
治長「いえ、まさか」
家康「そうですか……しかもあなた方の雇《やと》った牢人《ろうにん》が、大坂で暴れてるそうじゃないですか？　噂では京都に火をつけるとまで……」
治長「それはあくまで噂で……」
家康「しかし、ゼロとは言い切れないでしょう？」
治長「いや……！　……タヌキが……」
家康「タヌキって言ってますよね？」

治長「そんなわけないでしょう」
家康「……そうなのかな。……で、私思ったんですが、牢人全員を解雇なさってはどうです？」
治長「そんな！　さすがにそれは……」
家康「できない？　ではこういうのは？　秀頼さんの土地を別の場所にうつす。大坂から出て行くっていうのは？」
治長「そんなムチャクチャな！　仲直りのときの条件に、土地はそのままにというものがあったじゃないですか！」
家康「おや？　先に条件を破っておいてよくそんなことが言えますねぇ？」
治長「うぐ……」
家康「さ、どちらにします？　牢人をやめさせるか？　大坂から出て行くか？」
治長「タヌキさん！」
家康「はっきりタヌキって言ったよなぁ!?」
治長「言ってません！」
家康「ええ!?」
治長「聞いてください……タヌキさん」

家康「静かにハッキリ、タヌキって言ったじゃねぇか！」
治長「私たちはその二つとも、呑むことはできません。何卒、おタヌキ申し上げます」
家康「お前、なめてんだろ。……わかりました。そういうことなら仕方ない」

戦い、再び。

大坂夏《おおさかなつ》の陣《じん》が始まります。

またもや大坂に兵を進める徳川軍。
豊臣軍5万5000VS徳川軍15万5000（例によって、兵の数は諸説《しょせつ》ありだよー）。
大坂城を裸《はだか》にされたら勝ち目なし……。冬の陣では、真田丸の戦い以外、豊臣側の不利が続きました。様々な理由で、豊臣側に集まった兵の数は、前回を大幅に下回ります。

徳川家康「持って行くの3日分の食糧だけで構わん！」
家康の家臣「僕は人より多く食べる方なんで、他人の4日分が僕の3日分になる感じです。この場合は４日分を持って行ってもいいのでしょうか？」

家康「うん。もう、なんなのー」

家康は、短期間で今回の戦いを終わらせるつもりでした。

豊臣のみなさんは、防御機能がほとんどない大坂城にこもっても仕方ないと考えて、今回は野戦《やせん》（外に出て戦うってことね）という意見で一致します。

徳川軍はいろんな方向からやってくるため、隊を分けて迎え撃つことに。

道明寺《どうみょうじ》（大阪だよー）付近に到着した豊臣軍メンバーは、先発隊が後藤基次《ごとうもとつぐ》（又兵《またべ》衛《え》）、明石全登などなど。後発隊が、毛利勝永、真田信繁などなど。

深夜、まず後藤基次隊が出発します。

夜明け前、道明寺についた後藤基次は、

後藤基次「ねぇ……後ろの人たちってついて来てないよねぇ……」

後藤さんとこの兵「そっ……すね……あれじゃないですか？『遅れてる』ってやつじゃないですか？」

後藤「だよねぇ……今オレらの隊だけだよね……」

後藤さんとこの兵「そう……なりますねぇ……これあれですね、『まずい』ってやつですね……」
後藤「だよねぇ……」
知らせてくれる人「後藤さん！　徳川の軍勢《ぐんぜい》、隣の村まで来てるらしいよ！」
後藤「え!?　……もう敵と鉢合わせするのは時間の問題……」
後藤さんとこの兵「これあれですね、『時間の問題』ってやつですね！」
後藤「だよねぇ……よし！　あそこの小松山《こまつやま》（って山）に陣《じん》を構えるぞ（スタンバイする）。我が軍だけで戦う！」

このときの先発隊、後発隊の遅れの原因は、「悪天候《あくてんこう》」「寄せ集めの集団なので連携《れんけい》がうまくとれていない」などでした。

小松山にスタンバイする後藤基次。それを知って、周りを囲む徳川軍。

この後藤基次（真田幸村とおんなじように、後藤又兵衛って名前の方が有名なのよねー）は、

「槍《やり》の又兵衛」

という異名があるくらい、強くて戦闘能力に優れていた人なのです。

家康から「播磨《はりま》一国（兵庫県だよー）をやるから、こっちにつけ」って言われた（とか、言われなかったとか）くらい超優秀な武将（ちなみにその説の中では、「豊臣の恩を忘れて、そっちいっちゃうのは武士の道としておかしいから、行かなーい」って断ってます。信繁といい、基次といい、武士だねー）。

後藤基次「じゃ、行くか」

後藤隊「おおおおおーーー!!」

徳川軍に攻め寄る後藤基次。

明らかにこちらの兵力を上回る敵に猛攻撃《もうこうげき》。

徳川軍「来やがった！　うるぁーーー!!」

戦闘開始。

後藤隊「討ち取ったぞ！」

大軍勢を前に、押しているのは後藤隊。

しかし、敵の部隊は一つじゃありません。入れ替わり立ち替わり、次々と他の部隊が攻撃してきます。

その中には、

奥州の覇者《はしゃ》、伊達《だて》政宗《まさむね》（独眼竜《どくがんりゅう》の、ちょー有名人だね）の隊も。

それでも基次は各隊と渡り合います。

しかし遂に、

パーーーーン！

一発の弾丸に、基次は倒れてしまいます。

2800の兵で、2万以上（もっと多いかも）の敵を相手どって、数時間戦い続けた末《すえ》に散《ち》るという凄《すさ》まじい最期でした（一説には8時間とも言われています）。

その頃ようやく、明石《あかし》全登《たけのり》など他の先発隊《せんぱつたい》が到着します。続いて後発隊《こうはつたい》の、毛利勝永。

そして、真田信繁。

第2バトルスタート。

信繁のもとに、伊達政宗の家臣、片倉重長《かたくらしげなが》が攻めてきます。

大量の鉄砲隊同士の激戦。しかし信繁の勢いが勝《まさ》り、徐々《じょじょ》に後退する片倉隊。

すると伊達政宗、加わる。政宗本隊がやってきて、息を吹き返します。

少し離れて、睨《にら》み合う真田と伊達。

そこへ、

大野治長「おーい！　もう一つの戦い負けちゃったからー。そっちの戦いもやめて戻っておいでー。今夜はシチューよ！」（実際治長はその場にいませんし、今夜はシチューでもありません）

大坂城にいる治長から、退却命令《たいきゃくめいれい》が出ました。

逃げる豊臣軍。

信繁は殿《しんがり》（逃げるとき一番後ろにいて、追いかけてくる敵をさばきながら、味方をちゃんと逃がす役目。ムチャクチャ危険な役だよ）を買って出ます。徳川軍の追撃《ついげき》を見事にさばいていく信繁。

すると、徳川軍が追いかけるのをやめます。

伊達政宗「やめやめやめやめやめやめ！」
水野《みずの》勝成《かつなり》（って武将）「なんで止まるのよ！　追いかけようよ！」
政宗「……一人で行けよ」
勝成「え？」
政宗「……一人で行けよ」
勝成「いや、一人はちょっと……なんで追いかけないんだよ!?」
政宗「……疲れたんだよ」
勝成「え？」
政宗「……疲れたんだよ」
勝成「いや、疲れたって……」
政宗「戦い始めたの何時よ？」
勝成「朝の4時くらい……かな」
政宗「で、今何時よ？」
勝成「……昼の2時半とか、かな……」

政宗「どうよ？」
勝成「……疲れる……ね……」
政宗「うちの兵もヘロヘロよ。かわいそうに」
勝成「でも！　敵は逃げ帰ってる！　今がチャンスだ！」
政宗「……一人で行けよ」
勝成「え？」
政宗「……一人……」
勝成「やめて」
政宗「それにあの真田ってやつ。あれ、多分相当《そうとう》ヤベーよ。追いかけたら何が起こるかわかんないって」
勝成「そうかな……」
政宗「……一人で行けよ」
勝成「行かないよ」

徳川軍が追撃《ついげき》をやめた理由は、「伊達政宗が、『真田がいるあの軍勢を深追《ふかお》いすると、痛い目を見る』と言ってやめさせた」だったり、「とにかくみんなムッ……チャクチャ疲れていた」とか言われています。
それを見た信繁は、
「関東の武士は100万いるのに、男は一人もいねーんだな！」（関東勢百万と候《そうら》へ男は一人もなく候《そうろう》）
と、言い放ったといいます。

勝成「あんなこと言われてるけど……」
政宗「……一人で行けよ」
勝成「もうやめてよ」

大坂夏の陣の、

「道明寺《どうみょうじ》の戦い」

と呼ばれる戦闘でした。

そしていよいよ、大坂夏の陣、最後の決戦。

つまりは、真田信繁、最期《さいご》の勇姿《ゆうし》です。


【見出し解説】
※「ケンカのあとは ほっぺにchuでもちょっとはずかしいチュ」という歌詞は、beポンキッキーズ40thソングス「ケンカのあとは」より。世紀の大ゲンカのあとで、徳川と豊臣は仲直りしたけれど、かりそめ……。再び戦うことになる二人がもしチュしたら、血の味がしたことでしょう！

真田三代9

真紅の鎧は地上を駆け抜け、やがて天翔《あまか》ける

信繁を最後まで駆り立てたものは何だったのか？
涙なしに読めない「真田三代」最終回

赤備《あかぞな》え。
鎧《よろい》、兜《かぶと》を全て朱塗《しゅぬ》りにした部隊のことです。もともと朱色というのは、一番多く敵の首を挙げた侍に、主君（殿）が授《さず》ける色。

この時代、長男は自動的に親から領地（土地）を譲《ゆず》り受けるが、次男以下は自らの働きで領地を獲得しなければならない。赤備えとは、次男以下の集団に朱色で統一した武具《ぶぐ》を着用《ちゃくよう》させ、どの部隊よりも多く敵を倒してみ

せるという意思表示をしたのが、そもそもの始まりです。

最初に赤備えを率《ひき》いたのが、武田家家臣・飯富虎昌《おぶとらまさ》。それを引き継いだのが、弟の山県昌景《やまがたまさかげ》でした。

武田家が滅んだ後、武田の家臣たちを引き取った徳川家家臣・井伊直政が、赤備えを受け継ぎます。

そして、大坂夏の陣「天王寺・岡山の戦い」にて、再び、赤備えが現れます。率いるのは、

真田信繁。

はい、真田三代パート3－Ⅳ。真田信繁編・其《そ》の4になります。

今回で真田三代シリーズ最終回です。

徳川全軍は大坂城すぐ近くまで迫ってきました。

決戦は天王寺・岡山。

信繁は、冬の陣で家康が本陣を敷いた（本部をスタンバイした）茶臼山に、陣を構えます（スタンバイ）。

山の上に並ぶ赤備え。

それを見た敵からは、

敵「すごいね。鮮《あざ》やかだね」
敵「うん。すごくキレイ」
敵「つつじの花が咲き誇ってるみたいだね」
敵「わ、ステキ」

と形容されました（「つつじの花が咲きたるが如く」）。

信繁が赤備えを使った理由として、

・赤は膨張色《ぼうちょうしょく》なので、兵の数を実際より多く見せることができる。
・寄せ集めの集団に統一意識を持たせた。
・赤備えには精鋭部隊《せいえいぶたい》のイメージが出来上がっていたので、兵に着用させてモチベーションを上げた。
・敵が自分の隊を狙うよう、目立つ赤にした。
・真田はもともと武田に仕えていたので、赤備えの遺志《いし》を継いだ。

など、いろいろ言われていますが、はっきりとはわかっていません。ただ、冬の陣で大活躍の「真田丸」は、武田流築城術《ちくじょうじゅつ》（武田の家のお城の造り方）を使っています。信繁は、真田丸も赤備えも、機能の素晴らしさも含めて武田の遺志《いし》を継いだんじゃないかと思います。

ここでちょっと個人的な見解《けんかい》を一つ。

徳川家康は40年以上前（42年前かな）、武田信玄（戦国最強大名）にフルボッコに負けています（「三方ヶ原《みかたがはら》の戦い」ってやつだよ）。その戦いで、赤備えは強烈なインパクトを残しているはず。

のちに、家康の家臣（井伊直政さん）が赤備えを使って、自分の中に取り込みますが、敵として赤備えが現れるのは何年もなかったことでした。

信繁には、「思い出せよ家康。数十年前にお前を恐怖におとしいれた赤備えだ。今回もまた同じ目にあわせてやる」といった思いがあったんじゃないでしょうか。我こそが家康の天敵《てんてき》になるという思いが。

決戦を前に、信繁たちは会議を開きました。

そこで決まった作戦は、両軍が戦ってる間に、明石全登隊を遠回りさせて、一番後ろにいる徳川家康本隊の背後を攻撃する。そして、豊臣秀頼に戦いに出てきてもらって、豊臣の家臣たちのモチベーションを最大にまで高めるというものでした。トップが戦いに出る出ないで、やる気が全然違うんですよね。崇《あが》めてる人が実際戦場に出てきたら超テンション上がる。しかも「ついて来い！」みたいに先頭に立ったら、「どこまでもついて行きます〜」ってなっちゃいます。

そして両軍、スタンバイ完了。

「天王寺《てんのうじ》・岡山《おかやま》の戦い」がここに開戦します。

嵐の前の静けさに、息を呑む二つの軍。豊臣側と徳川側が正面で睨《にら》み合いを続けます。そこにいる誰もが「これが最後の戦闘」と肌で感じ取っていました。

いつだ

火蓋《ひぶた》が切られるのは――

身じろぎで鳴る甲冑《かっちゅう》の音も、いつの間にか聞こえなくなる。

誰だ

最初に声を発するのは――

豊臣軍の攻撃開始は、信繁の合図《あいず》と決まっています。

真田信繁「………まだだ」

明石隊が家康の後ろに到着するまで、開始を引きのばさないといけません。すぐに戦いを始めてしまえば、家康の本隊に回り込むスキがなくなります。

信繁「……ギリギリまで」

緊張の糸が張り詰めて、頭が変になりそうな状況を全軍必死にこらえる。

引きつけて

引きつけて

ギリギリまで……。

と、そのとき。

パーーーーン！

信繁「！」

一発の銃声。

興奮を抑《おさ》えきれなくなった豊臣軍の一人が、徳川軍に向けて発砲《はっぽう》したのです（徳川軍が先に撃った説もあります）。

ババババババーーーン!!
ババババババババババババーーーーーーン！

毛利勝永「待て！　撃つな！」
しかし、流れは止めることができない。
豊臣軍「わあああああーーーー！」
徳川軍「わあああああーーーー！」
両軍は衝突してしまいました。
信繁「作戦は…………崩れた……」
勝永「隊を分ける。それぞれ目の前の敵に向かえ！　それ以外の者は、私と一緒に本多隊へ!!」

家康の背後をつくという作戦が破綻《はたん》してしまった今、目の前で起こる戦いに全てを集中させようと、ここから毛利勝永の猛攻が始まります。
本多隊の兵を次々と討ち取り、本多隊、撃破《げきは》。

隊を統制し、銃撃の嵐を浴びせ、真田信吉《のぶよし》（信繁の兄・信之の息子）隊、撃破。徳川軍の先鋒《せんぽう》をことごとく討ち破り、浅野《あさの》隊・秋田《あきた》隊、撃破。他の豊臣軍の助けもあり、次の隊も壊滅。小笠原《おがさわら》隊・保科《ほしな》隊、撃破。檄《げき》を飛ばし、一時も休むことなく攻撃し続け、榊原《さかきばら》隊・仙石《せんごく》隊・諏訪《すわ》隊、撃破。約4000の兵で、徳川の隊を次々に崩していき、酒井《さかい》隊・松平《まつだいら》隊、撃破。勝永《かつなが》の戦い、気迫には凄《すさ》まじいものがありました。十数個の部隊、2万以上の人数を壊滅《かいめつ》に追い込んだことになります。

そして、茶臼山《ちゃうすやま》では、

真田信繁「秀頼公は……」

戦いが始まっても、豊臣秀頼は戦場に姿を現しません。
実はこのとき、家康から「和議《わぎ》（仲直り）を結びたい」という使者が、秀頼のもとに送られていたといいます。
秀頼は迷っていました。

淀殿「和議の話も来てるんです。行くことはありません！」

秀頼の母・淀殿も、秀頼が戦場に出て行くのを強く止めます。
家康からの和議の話は、おそらく彼を大坂城に繋《つな》ぎとめておく作戦だったと思われます。

一方、信繁の目の前では毛利隊が徳川の軍勢を撃破していき、チャンスが生まれている。

真田信繁「大助《だいすけ》！」
真田大助（信繁の息子）「はっ！」
信繁「今から大坂城に行き、再度秀頼公にご出陣を上申《じょうしん》してまいれ」
大助「いや、私も父上と戦います！」
信繁「これも立派な役目の一つ。わかるな？」
大助「……かしこまりました」
大坂城へ向かう大助。

作戦が使えないのであれば、腹をくくるまで。信繁は自分の隊に向かって叫びます。

信繁「よいか皆の者。今より徳川本陣へ向かう。狙うは徳川家康の首ただ一つ！」

真田隊「おぉぉー！」

信繁「……いざ」

真田信繁、覚悟を決めました。

信繁「かかれぇぇぇー!!」

真田隊「ぉぉぉおおおーー!!」

赤の塊が、徳川の本陣めがけて突撃します。

家康の前には、松平忠直隊1万5000。そこへ、真田の赤備えが正面から切り込んでいく。その数3500。

松平忠直「真田を討ち取れぇぇぇーーー!!」

松平隊「おおおおおーー!!」

両軍の旗が入り乱れ、槍《やり》の、剣《けん》の、甲冑《かっちゅう》のぶつかる音が、あたかも眼に見えるような乱戦。土煙が舞い上がり、銃の煙もそれに巻き付いていきます。

信繁「一歩も退くなぁぁ！　家康は目の前だぁ！」

じりじり、じりじりと真田の軍勢が松平隊を押していきます。

気迫《きはく》が、

想いが、

真田隊の背中を後押しする。

信繁「勝機《しょうき》は我らにある！　かかれぇ！　かかれぇぇ！」

松平隊1万5000を、赤備え、突破。

残すは本陣1万5000の兵。

狙うは家康の首。

徳川家康の家臣「殿！　真田が！　真田が！　松平隊を討ち破《やぶ》り、この本陣まで！」

家康「さ、真田が!?」

徳川本陣に、真田隊、突撃。

信繁「家康は今そこにいる！　ひるむなぁ！　押し切れぇー！」

赤の鬼神は、徳川の兵をことごとくなぎ倒す。
信繁の両の眼には、家康の姿しか映っていない。
守るものはあれど、そのための捨て身の行軍。
全ての回路は断ち切られ、身体は前に進むことのみに支配されている。
そして、徳川の兵を、燃え盛《さか》る業火《ごうか》が焼き尽くしていく。

徳川軍「か、勝てるわけねぇよ！」
真田隊の攻撃のあまりの凄《すさ》まじさに、徳川の兵は次々と逃げていきます。
防戦一方の徳川軍。
そこへ、
信繁「まだだぁぁぁーーーー!!」
二度目の突撃。
真田隊「うおおおおぉぉぉーーーー!!」
真っ赤な部隊は、再びその炎を燃やします。
つつじの花が満開に咲き乱れるように。散りゆく寸前の最も美しい瞬間を留《とど》めて。
信繁を駆り立てるものは一体なんだったのでしょう？

それは、
祖父が、父が、兄が、大切に守ってきた真田の血、
死力《しりょく》を尽くして戦った仲間の想い、
自分を作ってくれた豊臣への恩、
そうした全てが、このときの彼の後押しとなったのではないでしょうか。

そこへ、
真田の軍勢はこの旗をも踏み倒し、前に進みます。
武田信玄に大敗したとき以外、倒れたことのなかった、徳川の旗《はた》と馬印《うまじるし》（長い棒につけた印）が、遂に倒されたのでした。実に約40年ぶりの出来事です。

徳川軍「は、は、旗がぁ！」

信繁「家康を討ち取れぇぇーーーー!!」

三度目の突撃。

真田隊「うおおおぉぉぉーーーーー!!」

最後の力を振り絞り、信繁たちは家康に迫ります。

領土を広げる戦いではありません。豊臣家を守る戦いです。自分が負ければ全部が終わる。ここで家康を倒さなければ、大切な人たちがいなくなってしまう。

今戦わないと、今戦わないと、今戦わないと。

持てる力を出し切って、今戦わないと。

後藤基次が、毛利勝永が、豊臣家に集まった牢人がみんなで作ってくれたチャンスを、今ものにしないと。

とにかく進まなければ。

自分に残された全てをぶつけて。

背負ったもののために。

真田の誇りのために。

今戦わないと。

家康「せ、切腹《せっぷく》をする！」
家康の家臣「殿！　早まってはなりません！」

家康は切腹を覚悟したといいます。

信繁たちはあと一歩のところまで家康を追い詰めていたのです。

しかし、兵力があまりにも違いすぎた。斬《き》っても、刺しても、撃っても、次から次へと新たな兵が出てきます。

信繁は、松平隊と激しい戦闘を繰り広げた後、家康の本陣に、決死《けっし》の突撃《とつげき》を三度繰り返す。そこで、信繁の部隊は力尽《ちからつ》きます。家康にとどめを刺せず、真田隊は敗走したのでした。

そして、真田信繁は、安居《やすい》神社（大阪市天王寺区）で休んでいたところを、松平忠直隊の西尾《にしお》宗次《むねつぐ》に討ち取られます。

徳川家康を最も恐れさせた男の最期《さいご》でした。享年《きょうねん》49（もっと若かった可能性も）。

「わしの首を手柄《てがら》にされよ」

最後に信繁が、そう西尾に言ったという逸話《いつわ》も残っています（信繁の最期についてはいろいろな説があります。討ち取られた場所も安居神社ではないとか、西尾宗次にしても、信繁本人とわかって討ち取った説や、信繁とわからず討ち取った説など様々です）。

信繁の首は、徳川に差し出されました。

敵の武将たちはその首から、信繁の武功（戦場で立てた手柄）にあやかろうと、髪の毛を抜いていったと言われています。

その後、豊臣軍は毛利勝永の指示のもと、大坂城に撤退。しかし、裸城になってしまった大坂城は、すぐに徳川軍に攻め込まれます。すると間もなく、城内にいた内通者（裏切り者）の手によって、大坂城に火がつけられたのでした。

大坂城炎上。

その炎は天高く舞い上がり、夜空を赤く染めます。明るくなった空は京都からも確認できました。そして翌日、

豊臣秀頼・淀殿、自刃《じじん》（刀で自らの命を絶つこと）。

ここに豊臣家は滅亡しました。

信繁たちは負けたのです。

ただ、その勇姿は、敵として戦った武将からも讃《たた》えられ、その場にいた大名が皆に語り継ぎ、文書に書き留めていったのでした。

「真田日本一の兵《つわもの》

いにしへよりの物語にもこれなき由《よし》」
（真田は日本一の武将だ。古くから伝わる物語にもこれだけのやつはいない）

そして、大坂の陣が終わった後、こんなわらべ唄《うた》が流行ったといいます。

「花のようなる秀頼様を
　鬼のようなる真田がつれて
　　退きも退いたり鹿児島へ」

真田信繁の首は、実は影武者《かげむしゃ》のもので、本当は信繁も秀頼も生きていて、鹿児島まで一緒に逃げたんじゃないかと唄っています。

わらべ唄なんで、おもしろがって作ったものだと思います。ただその根底《こんてい》には、派手好きで、大坂のみんなに愛された豊臣秀吉の子供・秀頼と、豊臣に最後まで尽くしたカッコいい真田信繁。二人にどこかで生きていて欲しいと願った、民衆の気持ちが流れているような気がします。

ここで一つ余談です。伝説を紹介。「島原《しまばら》の乱」て、教科書で習った記憶ありますか？　徳川家光《いえみつ》（三代将軍）のときに九州で起こった大きな一揆なんですが、そのリーダー、天草四郎時貞《あまくさしろうときさだ》が秀頼の子供じゃないか説ってのがあるんです。

根拠とされるものに、

・先ほどのわらべ唄。

・島原の乱を描いた絵の中で、天草側の人間が千成瓢簞《せんなりびょうたん》の馬印を持っている（千成瓢簞の馬印は豊臣家しか持てないよ）。

・数万という人間が何ヶ月にもわたって戦える財源《ざいげん》は、豊臣家が貯《たくわ》えた資金からきているのではないか。

・徳川幕府が本気で潰しにかかったのは、天草四郎に豊臣の血が流れているからってのがあります。ロマンあるね〜。でもあくまで伝説ですよ。

真田のその後――。

兄・真田信之が松代藩《まつしろはん》（長野県の松代だよ）初代藩主となり、江戸の終わりまで真田の家は残りました（お兄ちゃん、なんと93歳まで生きてます）。

そして、信繁の血は仙台藩《せんだいはん》（伊達政宗さんのとこだよ）で守られ、仙台真田氏として、幕末まで残っていきます（これ、いろいろあったんですが、とにかく信繁の娘や息子が、「道明寺の戦い」で死闘を繰り広げた片倉重長や伊達政宗のもとで、かくまわれたんです。はい)。


真田の礎《いしずえ》を築いた**真田幸綱**《さなだゆきつな》。

天下人となる徳川家康と堂々と渡り合った**真田昌幸**《まさゆき》。

武将と民衆に愛され、最後まで自分の道を貫いた**真田信繁**《のぶしげ》。

こんな魅力的な人たちが揃《そろ》ってるんですから、現代でも真田三代が愛されるのは必然ですね。


真田三代、以上となります。

最後までお読みいただきありがとうございました。

また違うシリーズでお目にかかりたいと思っております。


【見出し解説】
※地上で大暴れした真田信繁の魂は、その最期に、空を飛び去るのです!

おわりに

Facebookで書き連ねていたものを、幻冬舎plusさんで連載記事にしていただき、そして、幻冬舎さんに本にしていただきました。ラッキーです。

本当はラッキーでもなんでもなくて、僕の周りにいる方々のお力があったからこそ、ここまで運んでいただけたんです。あ、やっぱりラッキーです。

ちなみに、幻冬舎plusで連載したときのタイトルは、「東大生も唸った！超現代語訳・戦国時代」でした。これは一応、嘘じゃなくて、東大卒のプロデューサーさんや、東大卒の後輩芸人が本当に褒めてくれたからです。東大卒のプロデューサーさんは**「学生時代には難しかった戦国時代が、あっという間に理解できました！」「学生のときに、この本に出合えていれば、もっと楽だったのに！」**という、感激の言葉をくださいました。またまたラッキーです。

戦国時代や歴史が好きな人は、〝過去〟というものが好きってわけじゃないと思うんです（好きな人がいたらごめんなさい）。もちろん、先人の言動やビジュアルに、ロマンを感じているのは確かです。ただ、当たり前の話ですが、それは〝今〟があるからです。

自分の今と照らし合わせて、「こんな生き方があるんだ」「こんな考え方があるんだ」と、深い関心や尊敬の念を、昔の人に寄せるから、歴史が好きだと思うんです。

自分たちの今のために、未来のために、歴史から学び取ることはあまりにたくさんあります。先人が生き抜いて作り上げてくれた本当の教科書は、これからのためにあります。

未来のために歴史がある（キマったと思ってます）。

今回この本で紹介したストーリーは、みなさんに戦国時代の一部の概要を知ってもらうためのものです。様々な不備があると思うので、是非それをご自身で補ってみてください。

真実をもっと知りたい方。のちの時代に作られた逸話、創作をもっと知りたい方。どんなアプローチでも構いません。調べて出てきた話が、ご自身の関心を引くようでしたら、それはあなたのこれからに、きっと役に立つと思います。

で、唐突ですが、袖山満一子さん、西野亮廣さん、山口トンボさん、又吉直樹さん、本当にありがとうございました。「あとがき」によくある、お礼というやつです。感謝を伝えたい人は、もっとたくさんいるんですが、この勢いだと5親等くらいまで電話しそうなので、この辺で。会ったときに直接お礼を言います。

そして、この本を手にとって、ここまでお付き合いいただいたあなたに、感謝の言葉を。

ありがとうございました。

またお目にかかれる日を楽しみに。

２０１６年　夏

房野史典

文庫版あとがき

ただただ、感謝です。

『超現代語訳 戦国時代 笑って泣いてドラマチックに学ぶ』が刊行されたのは、2016年。そこから約3年の間、たくさんの方々の目に触れ、愛情をいただいた結果が、今回の文庫化だと思っています。

単行本の時点で『超現代語訳 戦国時代』を読んでくださったみなさん。この本を、文庫という、さらに長く愛される形に変えてくださり、ありがとうございます。

そして、文庫になって初めて手に取ってくださったみなさん。この本に出会っていただき、ここまで読んでくださり、ありがとうございます。

この本に関わってくれたすべてのみなさんへ。本当に本当にありがとうございました。

感謝の気持ちはどんどん大きくなり、「おわりに」では、

「この勢いだと5親等くらいまで電話しそう」

なんてことを冗談ぽく書きましたが、それもアリなんじゃないかと思い始めました。

ただ、5親等が、イマイチどんな続柄かわからなかったので、調べてみたんです。

すると、出てきたのが、
曽祖伯父（そうそはくふ）、従叔母（いとこおばorじゅうしゅくぼ）、従甥（いとこおいorじゅうせい）、来孫（らいそん）……などなどのラインナップ。

誰か電話に出てくれるんでしょうか？

お恥ずかしい話、3つめまでは、読み方も初めて知ったレベルです。

曽祖伯父は、「自分の曽祖父または曽祖母の兄」……僕が生まれたとき、曽祖父母は他界していました。そのお兄さんとなると、もはや半分歴史上の人物です。

従叔母は、「父または母の従妹」……正直、どなたがそれにあたるかわかりません。

これを読んでいたら連絡をください。

来孫は、「孫の曽孫」……到底お目にかかれない、プラス、ここまでいくと親族じゃなくて、子孫です。

残された可能性は、従甥。「いとこの子供」なら、電話で話せます。

が、数年前にその機会は訪れていて、

僕「もしもし。おじちゃん誰だかわかる？」
従甥「知らん」
僕「パパのね、いとこ。○○おじちゃん（僕の弟）は知ってるでしょ？」
従甥「うん」
僕「そっか！　○○おじちゃんのお兄さんなんだよ。知ってるよね？」
従甥「知らん」

存在を知られていませんでした（僕が地元を離れた後に生まれた子なので）。

ですから、5親等に感謝を伝えるのは諦め、この「あとがき」は、みなさんに捧げます。


では、気を取り直して（勝手にヘコんでる風ですが）。

「おわりに」でも少し触れた通り、Facebookに書いていたものを書籍化していただいたのがこの本です。が、そもそもの始まりはライブです。

もう何年も前に、〝房野が戦国時代のことを、ただひたすらしゃべる〟という内容のライブを何度か行って、そのライブで話したことを、Facebookに投稿してみたんです（お笑いライブになじみのない方は「芸人のライブって、そんなのもあるの？」って感じでしょうが、趣味に特化したライブって、案外多かったりするんですよ）。なんで歴史にちなんだライブを開催したのか。その理由、初期衝動ってやつは、「ストーリーをちゃんと知ったら、『歴史おもしろいじゃん』て人がいるんじゃない？」

というものでした。

お勉強要素の強い「歴史」というジャンルは、いかにもかたそうで、芸人のやるライブには不向きな題材のようにも思えます。しかし、戦国時代や幕末の人間ドラマを丁寧に説明して、お客さんに「へー！　そんなことがあったんだ！」と楽しく理解してもらうイベントは、エンタメとして充分成立するんじゃないかと考えたんです。

結果、そのライブが成功したかどうかは、もう忘れました（笑）。

ただ、武将のエピソードで笑いが起こったことや、深く頷いてるお客さんの顔は、今でもはっきりと覚えてます。そして、そんな客席の反応を見て、「やっぱりそうだ」と思ったことも。

素材がおもしろいんですよ。

戦国時代や幕末の話自体は、やっぱりおもしろいんです。

そのライブでは、笑ったり、感心したり、感動したりしてくれた人がいましたが、それは僕の手柄じゃありません。歴史の話に魅力があったからです（僕の手柄の部分も多少あります）。

本当の物語に触れれば、「歴史おもしろい！」という人はもっと増える。苦手意識がある人は、ストーリーにたどり着いてない場合が多い。要は調理の仕方（伝え方）なんだな。

そんな風に思ったのを覚えています。

ちょっとだけ昔話に付き合っていただきましたが、当時の感覚は今でも変わらず持っており、そんな思いを抱えた自分が、数多の幸運から書籍を出版することになりました。

調理の仕方を万人に披露する機会が与えられた、という感じでしょうか。

その上で、言わせていただきます。

決して自分の調理が最適だなんて思ってません。この伝え方がお口に合わない方もおられるでしょう。

それに、中身を知ったからといって、全員が歴史を好きになるとも思ってません。

知ることと興味を持つことは、また別ですし。

ただそれでも。自分が書く文章で、戦国や幕末の話を知ってくれる人が、少しでもいいから増えてくれればな。と思い、書いてみました。

さらに、この本を入り口にして、歴史に興味を持ってくれないかなー。とも思って、綴ってみました。

この際ですからもっと大げさなことを言わせていただくと、本書をキッカケに歴史を知って、これからの自分に活かし、幸せな未来を手にする人が増えて欲しい。という願いもこめたつもりです。

とにかく、勝手な思いだけをありったけ詰めた本ですが、気軽にパパパッと読んでください。それが、何よりの喜びです。

ここまで読んでくださり、感謝します。何度目かのお礼になりますが、最後にもう一度だけ。

本当にありがとうございました。

またお会いしましょう。

２０１９年初夏　　房野史典

解説

河合敦

じつは私、多くの著書を出しているのに、本の解説は一度も書いたことがないのです！　なのに、「房野史典サンがぜひ河合先生に解説をお願いしたいって言っているんです」と彼の編集者にくどかれて舞い上がり、経験済みのフリをして引き受けちゃいました。

房野サンとは、これから解説する『超現代語訳　戦国時代　笑って泣いてドラマチックに学ぶ』がご縁です。彼がこの単行本を出版するさい、ＷＥＢ上での宣伝のため対談相手としてお招きいただいたのです。私も幻冬舎で何冊も本を出しており、歴史の専門家だったことから、担当編集者が呼んだようです。

房野サンの第一印象はよかったです。同じ黒縁眼鏡《くろぶちめがね》だったからだと思います。眼鏡を取ると、いったい誰なのかわからなくなるのも私と似ているなと感じました。

以後、何度も歴史関係者の飲み会で房野サンと同席するようになりました。酒の席でも私が恐縮するほど、敬語で丁寧に接してくれます。でもだんだん酒が回ると顔色がゆでだこのようになり、何がおかしいのかゲラゲラと笑います。笑い上戸なんですね。それでも最後まで私に対する扱いは変わりません。なので、好印象のまま今に至ります。

あっ、話が逸《そ》れてしまいましたね。戻ります。

とにかく解説は初体験。今、みなさんにこの本の面白さをどう理解してもらおうかと、パソコンの画面を見つめながら、頭を悩ませています。

とはいえ、あまり深刻に考えても仕方ないので、思いつくまま解説を始めてしまいましょう！

まず、今回文庫化される『超現代語訳　戦国時代　笑って泣いてドラマチックに学ぶ』は、タイトルから推測できるとおり、戦国時代を超わかりやすく描いた本です。

戦国の約一世紀は、日本人がもっとも躍動した時代だといえます。古い社会秩序が崩壊し、下剋上の世が到来。実力と運次第では、天下人までのぼりつめることも可能になりました。庶民にとって、自分の力を試す絶好の機会が訪れたわけです。このため魅力に富んだ多くの武将たちが登場し、野望のために己の生命を最大限に燃焼させていきます。結果、多くの名勝負が、駆け引きが、感動が生まれました。

そんな激動の時代なので、処世訓や人生訓の宝庫。私たちがここから学べることは非常に多いのです。だからこそ、戦国のファンは多いのでしょう。

もちろん房野サンもその一人。本書を読むと、彼の「戦国愛」がよくわかります。島左近や大谷吉継、細川ガラシャなど、戦国ファンが好みそうなところをしっかり押さえている。鳥居元忠が徳川家康とここまで関係が深かったってことは、私も知りませんでした。そしてなにより、この本からは自分の愛する時代を「めちゃくちゃ嚙《か》み砕いて」読者の方々に「あ、面白いんですね」と理解してもらおうという、著者の熱意がひしひしと伝わってきます。それが人びとのシンパシーを獲得し、多くの読者が本書を手にとることにつながったのだと確信しています。

ちなみにこの本は、房野史典サンの処女作です。

それまでの彼は、作家を生業《なりわい》にしていたわけではありません。本職はお笑い芸人（そこそこブレークしている）です。つまり、タダの歴史好きのど素人でした。

「ひまつぶしに、Facebookに歴史の与太話を書き連ねてみました。終わり。」……となるはずだったのが、たまたま、その文章がある編集者（袖山満一子氏）の目にとまり、幻冬舎plusでの連載となり、それをまとめて単行本として出版してみたらベストセラーに！

このまさかの展開に一番驚いたのは、たぶん、房野サンご本人でしょう。人生というのはわからないもの。でも、彼の気持ちはよくわかります。高校教師だった私も、処女作『早わかり日本史』（日本実業出版社）がベストセラーになり、結局、学校をやめて専業作家の道を選ぶことになったからです。きっと房野サンも、芸人をとるか作家をとるか、やがて人生の選択を迫られるときが来るはずです。

とはいえ、『超現代語訳 戦国時代　笑って泣いてドラマチックに学ぶ』は、彼がお笑い芸人だからこそ、書けた本であることは間違いありません。ふつうの歴史作家や歴史研究家には、思いもよらない型破りなものになっているからです。

そもそも、目次からして異常です。序章のあと、たった2章で終わっちゃってる。それに第一章（93頁）と第二章（159頁）の分量が超アンバランスなうえ、序章が「応仁の乱」、第一章が「関ヶ原の戦い」と、見出しに合戦名が続くのに、なぜか最後の第二章だけが「真田三代」。謎です。真田家の歴史を語るとしてもメインは信繁なんだから、ふつうは「大坂の役《えき》（陣）」とするでしょ。

だから、本好きが目次を開いたとき、強い違和感を覚え、思わず手がとまってしまうのです。単なる馬鹿なのか、狙っているのかわからないけど、意図的だとしたら、房野サンはスゴい人だと思います。さらに極めつきは、目次に並ぶヘンな小見出しの数々。

「私の思慕《おも》いをジョークにしないでって言ってやりたい。私はマジなんだから」
「けんかをやめて。3人をとめて。わかった、私も加わる」
「素敵なお城からレオンがコスプレして機関銃撃ってきた」
「ケンカのあとはほっぺにチュ。でもちょっと血の味がする」

何ですの、これ？　こんな摩訶不思議《まかふしぎ》なフレーズが並んでいたら、「もう本文読むしかないじゃん」って気持ちにさせる見事な誘い文句です。以前お会いしたとき、房野サンご本人に尋ねたら、すべてご自分で考案したというから、さすが芸人！　つかみはお見事だ。

とはいえ、コントと読書はまったくの別物。漫才のネタは10分程度で完結するけれど、本は読破するまでまる1日はかかってしまいます。いくら面白そうな見出しが並んでいても、素人作家が読者を飽きさせずにページをめくらせていくのは至難《しなん》の業《わざ》。ところがこの『超現代語訳 戦国時代　笑って泣いてドラマチックに学ぶ』は、すらすらと読めてしまうのです！

なぜでしょうか？

それは、頻繁《ひんぱん》に偉人たちの会話が挿入され、そこに思わず吹き出してしまうギャグと、ちゃんとオチまでついているからです。つまり、一つの完結した漫才になっていて、一ネタ終わると、次の新しいネタが始まっていく。つまりはこの本、お笑い番組の形式になっているのです。次々とお笑い芸人が登場してくるやつですね。

それに、文章自体が漫才のネタだからひと言、ひと言のキレがいい。

例えば「はい、秀吉死にます」の一言で場面転換する。これってスゴイことですよ！　その後の展開を計算し、切るべきところはスパッとそぎ落としているわけですからね。

また、直江兼続からの挑発的な直江状を読んだ家康が、ひと言「殺す!!」って言う。これなんかも、ずばりと事件の本質を突いていますね。

だから、まったく読んでいて飽きさせないし、次にどんな面白い話が出てくるのか、読めば読むほどワクワクしてくるんです。

残念ながら、私にはとても真似できない芸当です。もし私が自分の歴史書にギャグなんか入れたら、あきれた読者から袋だたきにあうでしょう。房野さんは、芸人だから許される特権をバンバン使って、自由奔放に書いている。それでいて、基本的には史実に則《のっと》って、そこから離れていないのはたいしたものです。

それだけではありません。ときおり、彼独自の推論や最新の研究成果が挿入されているのに感心してしまう。例えば、関ヶ原の戦いで家康に敵対しながら、島津氏だけは一切減封《げんぽう》されずに済んでいる。なぜなのか?

じつは、よくわかっていないのです。研究者や作家がさまざまな説をとなえています。これに関して本書では、家康と島津の使者との会話を用いて、房野サン本人が支持する論をたくみに展開していく。そして最後に「やり取りは妄想の塊《かたまり》です。ただ、本領安堵《ほんりょうあんど》の理由はこんなようなことだと言われています」とまとめています。だから本書を読むと、最新の戦国史研究もわかるのです。本人がよく勉強していなければ書けないことですね。おそらく巻末にあげた参考文献以外にも、専門的な研究書を読んでいるはずです。

さて、最後になりました。

私が解説を引き受けたのは、房野史典さんに好印象を抱いたからです。それは、彼の人柄だけではなく、私と彼の歴史認識がまったく同じだからです。

なぜ歴史を学ぶのか。それは「自分の人生に役立てるため」だと私は思っています。過去に起こった出来事とまったく同じことは起こりません。でも、同じようなことは何度でも起こっている。だから歴史を学ぶことで、それを教訓として、自分の人生に役立てることができるのです。

奇《く》しくも房野史典サンも、単行本のあとがきで「未来のために歴史がある」と断言しています。また、以前に対談したときも、

「歴史上の人物って何百年も前の人だから、現代人とはまったく別人種っていうようなイメージがあると思うんですけど、何か為《な》そうとしたとき、物や事を動かすための『温度』ってのは、今と変わらないな、って思うんです。もちろん、生死を賭《か》けてる

ので今とは違うところもあるわけですけど、仲間との連携だったり、人とのつながりだったりとかっていうことは学ぶことが多いですよね。別に歴史を好きにならなくてもいいから、とりあえず先人の知恵を踏まえとくだけでなんか違うと思いますね」

とおっしゃっていました。まったく同感だよ、房野サン！

だからぜひ、みなさんに本書を読んでいただき、戦国時代を「笑って泣いてドラマチックに学」んでいただき、そこから得た教訓を自分の未来に役立ててもらいたい。

そう願ってやみません。

令和元年（2019年）5月1日

――歴史作家・歴史研究家

【参考文献】

『関ヶ原合戦 戦国のいちばん長い日』（二木謙一 著／中公新書）
『関ヶ原合戦のすべて』（小和田哲男 編／新人物往来社）
『戦争の日本史17 関ヶ原合戦と大坂の陣』（笠谷和比古 著／吉川弘文館）
『新解釈 関ヶ原合戦の真実 脚色された天下分け目の戦い』（白峰旬 著／宮帯出版社）
『新・歴史群像シリーズ⑰ 直江兼続 天下人に挑み続けた名参謀』（学研マーケティング）
『関ヶ原 島津退き口――敵中突破三〇〇里』（桐野作人 著／学研新書）
『真田三代 幸綱・昌幸・信繁の史実に迫る』（平山優 著／PHP新書）
『真田四代と信繁』（丸島和洋 著／平凡社新書）
『「豊臣大名」真田一族 真説 関ヶ原合戦への道』（黒田基樹 著／洋泉社）
『大阪城の七将星』（福本日南 著／文会堂書店）

＊

『大日光』82号 2012年4月――「直江状研究諸説の修正と新知見」（宮本義己／日光東照宮）
『歴史読本』43巻8号 1998年8月――「〝直江状〟の信憑性」（宮本義己／新人物往来

社）
『歴史読本』45巻5号 ２０００年３月――「家康の思惑と島津氏の事情――関ヶ原前後をめぐる駆け引き」（西本誠司／新人物往来社）
『歴史人』創刊号 ２０１０年（ＫＫベストセラーズ）
『歴史人』55号 ２０１５年――「新説！『真田丸』は孤立無援の二重構造の巨大な要塞だった！」（千田嘉博監修／ＫＫベストセラーズ）

この作品は二〇一六年九月小社より刊行されたものです。
JASRAC 出 1904858-302

幻冬舎文庫

●最新刊
実話芸人
コラアゲンはいごうまん

「SM女王様の奴隷に弟子入り」「後期高齢者しかいないソープランドへ突撃」「会ったこともない人の葬儀に参列」など、著者が体を張って体験した、笑って泣ける壮絶実話ネタが満載。

●最新刊
浮世絵の女たち
美人画に隠された謎
鈴木由紀子

浮世絵の中で艶然とほほえむ美女はいったい何者なのか？　わずかなヒントを手がかりに有名絵師とモデルにまつわる謎を大胆に推理。貴重な資料を多数収録、浮世絵鑑賞がもっと面白くなる！

●最新刊
生涯健康脳
瀧　靖之

65歳以上の5人に1人が認知症になる時代がやってくる。その予防には、睡眠・運動・知的好奇心が重要。脳が生涯健康であるための習慣を、16万人の脳画像を見てきた脳医学者がわかりやすく解説。

●最新刊
リーダーの教養書
出口治明　ほか

日本が米国に勝てない理由は「教養の差」にあった――。10の分野の識者が、歴史学、医学、経営学といった専門から推薦書を選出。経営判断、思考、洞察力を深めるものなど、１２０冊を収録。

●最新刊
人生の勝算
前田裕二

8歳で両親を亡くした起業家・前田裕二が生きるための路上ライブで身につけた、人生とビジネスの本質とは。外資系銀行員時代、「SHOWROOM」の立ち上げ、未来のこと。魂が震えるビジネス書。

幻冬舎文庫

●最新刊
走れ！　T校バスケット部9
松崎　洋

神津高校バスケ同好会の顧問になった陽一。部員に学校一の身体能力を誇る新海、卓越した観察眼を持つ神谷、シエラレオネからの留学生オマールらが加わり、T校バスケ部との練習試合に挑む。

●好評既刊
空気を読んではいけない
青木真也

中学の柔道部では補欠だった著者が、日本を代表する格闘家になれた理由とは──。「感覚の違う人は〝縁切り〟する」など、強烈な人生哲学を収録。自分なりの幸せを摑みとりたい人、必読の書。

●好評既刊
異端者の快楽
見城　徹

作家やミュージシャンなど、あらゆる才能とスウィングしてきた著者の官能的人生論。「異端者」とは何か、年を取るということ、「個体」としてどう生きるかを改めて宣言した書き下ろしを収録。

●好評既刊
運玉《うんだま》
誰もが持つ幸運の素
桜井識子

草履取りから天下人まで上りつめた歴史的強運の持ち主・豊臣秀吉は天からもらった「運玉」を育てていた！　神様とお話しできる著者が秀吉さんから聞いた、運を強くするすごいワザを大公開。

●好評既刊
バスは北を進む
せきしろ

故郷で暮らした時間より、出てからの方がずっと長いというのに、思い出すのは北海道東部「道東」の、冬にはマイナス20度以下になる、氷点下で暮らした日々のこと。センチメンタルエッセイ集。

幻冬舎文庫

●好評既刊
芸人式新聞の読み方
プチ鹿島

新聞には芸風がある。だから下世話に楽しんだほうがいい！　擬人化、読み比べ、行間の味わい……。人気時事芸人が実践するニュースとの付き合い方。ジャーナリスト青木理氏との対談も収録。

●好評既刊
多動力
堀江貴文

今、求められるのは、次から次へ好きなことをハシゴしまくる「多動力」を持った人間。一度に大量の仕事をこなす術から、1秒残らず人生を楽しみきるヒントまで。堀江貴文ビジネス書の決定版。

●好評既刊
かぼちゃを塩で煮る
牧野伊三夫

胃にやさしいスープ、出汁をきかせたカレー鍋、残りめしで茶粥……台所に立つことうん十年、頭の中は食うことばかりの食いしん坊画家が作り方と愉しみ方を文章と絵で綴る、美味三昧エッセイ。

●好評既刊
おひとり様作家、いよいよ猫を飼う。
真梨幸子

本が売れず極貧一人暮らし。「いつか腐乱死体で発見される」と怯えていたら起死回生のヒットが訪れた！　生活は激変、なぜか猫まで飼うことに。〝女ふたり〟暮らしは、幸せすぎてごめんなさい♥

●好評既刊
一〇五歳、死ねないのも困るのよ
篠田桃紅

長く生きすぎたと自らを嘲笑する、希代の美術家、篠田桃紅。「歳と折れ合って、面白がる精神を持つ」「多くを持たない幸せ」。生涯現役を貫く著者が残す、後世へのメッセージとは？

超現代《ちょうげんだい》語訳《ごやく》 戦国《せんごく》時代《じだい》

笑《わら》って泣《な》いてドラマチックに学《まな》ぶ

房野史典《ほうのふみのり》

令和元年6月15日　初版発行
令和5年4月15日　2版発行

発行人――石原正康
編集人――高部真人
発行所――株式会社幻冬舎
〒151-0051東京都渋谷区千駄ヶ谷4-9-7
電話　03(5411)6222(営業)
　　　03(5411)6211(編集)
公式HP　https://www.gentosha.co.jp/
印刷・製本―株式会社　光邦
装丁者――高橋雅之

幻冬舎文庫

ISBN978-4-344-42869-0　C0195　ほ-15-1

この本に関するご意見・ご感想は、下記アンケートフォームからお寄せください。
https://www.gentosha.co.jp/e/